東京ヤクルトスワローズGM

小川淳司

Ogawa Junji

ヤクルトスワローズ 勝てる必然 負ける理由

さくら舎

はじめに

私は今、東京ヤクルトスワローズで、ゼネラルマネージャー（ＧＭ）という役職についている。ＧＭの仕事は一言でいえば、チームの編成を行う仕事。具体的にはトレードやドラフトなどで新しい選手を補強したり、新外国人選手を招いたり、新人の育成プランを立てたりと現場の監督が指揮を執る上での戦力を整備している。グラウンドで戦うチームを裏側から支える役目だ。

楽天に石井《いしい》一久《かずひさ》ＧＭがいるが、ＧＭは12球団すべてにいるわけではなく、あったとしても仕事の役割は各球団によっても違い、その仕事内容は一概にはいえない。ＧＭ制度発祥のメジャーリーグのそれとも権限の及ぶ範囲などおそらく大きく異なる。しかし、チームを長期的な視点でとらえ、永続的に強い集団にしようとしている役目だというのはおそらく同じであろう。

私がヤクルトに外野手として入団したのは、１９８2年のこと。ドラフト4位で指名を受け、途中、日本ハムで1年間プレーしたが、今日まで、選手として（１９８2～１９９1年）、スカウトとして（１９９3～１９９5年）、コーチ・2軍監督として（１９９6～２０１０年）、1軍監督として（２０１０～２０１4年＝監督代行期間を含む、２０１８～２０１9年）、今はゼネラルマネージャー（２０２０年～）として44年間、ヤクルト球団にお世話になっている。

この44年間、本当にいろんなことがあった。１９８０年代の低迷期、１９９０年代の野村黄金期、２０００年代に入ってからは01年、15年の優勝、96敗の歴史的大敗、２年連続の最下位、2年連続の優勝――全部身近で体験してきた。ヤクルトの成績はどん底からの頂点、頂点からのどん底とまるでジェットコースターのような大きな浮き沈みだった。

私の人生の歩みのほとんどはヤクルトと一緒だった。私が入団した時から現在まで在籍している人はほとんどいない。気が付けば、思いがけず生き字引的な存在になってしまった。残りの野球人生がどれだけあるかわからないが、今ここで私の〝スワローズ人生〟を振り返ることが、ヤクルト球団の歩みを伝えることになるのではと、そんな思いで筆を執った。

思えば幸運な野球人生だったと思う。高校時代、習志野高校で夏の甲子園優勝を果たし、その優勝投手となった。高校日本代表に選ばれ、東海大相模の原辰徳《はらたつのり》（前巨人監督）とともにアメリカ代表と戦った。

大学では野手だったが、名将宮井《みやい》勝成《かつなり》監督の下、中央大学で全国優勝を果たし、大学日本代表に選ばれた。このときも原（東海大学）や前阪神監督の岡田《おかだ》彰布《あきのぶ》（早稲田大学）とともにクリーンナップを形成し、やはりアメリカ代表と戦った。

河合楽器を経て、ヤクルトに入団してからはグラウンドで優勝を味わうことはなかったが、フロントとして何度も歓喜の瞬間に立ち会えた。

そしてなにより嬉しかったのは素晴らしい指導者、選手たちとの出会いがあったことだ。野《の》村克也《むらかつや》さん、関根潤三《せきねじゅんぞう》さん、若松勉《わかまつつとむ》さん、荒木《あらき》大輔《だいすけ》、長嶋一茂《ながしまかずしげ》、栗山英樹《くりやまひでき》、池山隆寛《いけやまたかひろ》、古田《ふるた》敦《あつ》也《や》、高津《たかつ》臣吾《しんご》、宮本慎也《みやもとしんや》、石川雅規《いしかわまさのり》、青木《あおき》宣親《のりちか》、山田《やまだ》哲人《てつと》、村上宗隆《むらかみむねたか》――。私の〝スワローズ人生〟と愛すべき野球人たちとのエピソードに触れつつ、長いプロ野球人生で感じた「勝てる必然　負ける理由」を明かしていこうと思う。

目次◆ヤクルトスワローズ　勝てる必然　負ける理由

第２章　プロ野球は戦場

第3章 レジェンドたちの伝言

第4章　育つ選手、挫折する選手

第5章　勝ちに不思議の勝ちあり、負けに不思議の負けなし

第6章　甲子園優勝投手の実像

エピローグ～ライバルたちの素顔～

ヤクルトスワローズ
勝てる必然　負ける理由

第1章　名プレーヤー誕生の舞台裏

4番・村上宗隆

2023年の春、WBC日本代表が劇的な優勝を飾ったのは記憶に新しい。ヤクルトからも中村悠平《なかむらゆうへい》、山田哲人、村上宗隆、高橋奎二《たかはしけいじ》らが代表に選ばれ大活躍を見せた。

いくつもの激戦があったが、中でも、これからも語り継がれるだろう伝説の試合となったのは、準決勝のメキシコ戦。私は春のセンバツの視察で甲子園に行っており、タブレットで見ていた。それまで不振にあえぎ、バッシングを受けていた村上の起死回生の一打には本当に興奮した。

あの場面は日本全国が興奮したようで、野球記者たちは泣きだし、ある電車の中ではスマホで試合を見ていた乗客から大歓声が起こったらしい。聞いたところによると、日本代表の活躍に触発され、「自分も自分の立場で日本を盛り上げていかなければならない」と決意を新たにした日本トップクラスの科学者もいたという。野球界のみならず、日本全国を盛り上げたのだ。私自身、こんなに野球で感動したのは初めてだった。あれだけ感動したというのはちょっと記憶にない。

聡明で慎重な栗山英樹監督が考えに考え抜いて4番を外し、5番降格となった村上にチャンスの場面が回ってくるという巡り合わせ。これはもう本当に偶然にしてはちょっと出来過ぎだった。

２０２２年、史上最年少での三冠王達成（打率・３１８、打点１３４）、王貞治《おうさだはる》さんの記録を破るシーズン56本のホームラン、５打席連続ホームランの偉業……今や彼はヤクルトの４番のみならず、球界の４番になろうとしている。

偶然にして運命だった出会い

そんな村上との最初のつながりは２０１７年のドラフト会議。この年、九州学院の村上と早稲田実業の清宮幸太郎《きよみやこうたろう》（日本ハム）、履正社の安田尚憲《やすだひさのり》（ロッテ）の３人の高校生野手が大きな注目を浴びていた。中でも、清宮は高校通算１１１本塁打を放ち、お父さんがラグビー界の有名人だったこともあり、スター性は際立っていた。

３人ともそれぞれに特徴があるいい選手だったが、誰かに決めなきゃいけない。ヤクルトは東京の球団でもあるし、これまでも荒木大輔、斎藤佑樹《さいとうゆうき》と地元・早稲田実業出身のスター選手をドラフト1位指名してきたから、この年も清宮でいくのは必然だった。

しかし、７球団競合の抽選に臨み、外れ。２回目で村上を指名し、巨人、楽天との競合を制して、見事引き当てた。決して村上の評価が低かったわけではない。残ってくれていたのはラッキーだった。

この年はシニアディレクター（ＳＤ）という立場でドラフト候補選手をくまなくチェックしていた。村上という選手の一番の魅力は、逆方向に長打が打てるというところだった。あれだけの体格だから引っ張れば飛ぶ。タイミングが合って、前で打てれば、バーンと飛んでいく。だけど、外側のボールに逆らわずに逆方向に長打が打てるというのは誰にでもできることではなく、彼の一番のストロングポイントだったと思う。

めったにない大器

2017年シーズン、チームは真中満《まなかみつる》監督の下、96敗という歴史的大敗北を喫していた。ヤクルトは慢性的に投手陣に不安を抱えているチームなだけに、ドラフト1位は投手を指名するのが通常であろう。特に来季（2018年）から監督を務めることが決まっていた私としても、即戦力投手をドラフト1位指名して一番に補強したいポイントではあった。しかし、実際には高校生野手である村上にいった。目の前の成績よりも、将来のヤクルトの永続的強さを大事にしたのだ。

村上・清宮というのは、それぐらい大きな存在だった。彼らクラスの大器はめったに登場しない。それくらいのバッターが出た年には1位で取りにいかなきゃいけないという方針は私にも球団にもあった。畠山《はたけやま》和洋《かずひろ》も川端慎吾《かわばたしんご》もいて、山田哲人も若かったけれど、その先を考えたら大物野手だった。

いくら大物のバッターとはいえ、高校生なだけに、戦力になるまで時間がかかる。勇気のいる大きな決断であり、賭けだった。しかし、私はあくまでもレジェンドたちが監督を務める系譜の中での〝つなぎ〟の監督、翌年の優勝は必ずしも至上命題ではない。

そんな立場だったから、あの決断・賭けができたんだと思う。いかに次の監督にいい状態でバトンを渡せるか——その一心でチームづくりに臨んだ。監督を任されたのはそういう意味だと重々承知していた。そして、その役割を果たすことは本当にやりがいのあることで、私は嬉々として職務に励んだ。

スカウトたちにも「僕が監督をやっている間に変えるものは変えろ」と告げていた。これは具体的にいうと、現場とフロントの関係のこと。チームによってはフロントに全権があるところもあるが、ヤクルトはそうではなかった。どちらかというと現場が強く、現場からのリクエストがあって、それにフロントや編成が応えていくという形だった。

しかし、編成には編成の役割があり、さまざまな人選を含めたチーム編成案をまず作り、現場に投げ掛けるというのが一番いい形だと思っている。

監督は監督の役割、編成は編成の役割とある程度はっきり色分けするべきだと思っていた。2軍の体制や育成面などはもう少しフロント主導にすべきで明確にしたかった。現場はやはり目の前の勝利を優先するもので、どうしても視野が短期的になりがち。これは当然のことだし、同時に仕方がないこと。

しかし、直近の成績いかんにかかわらず、ヤクルトというチームは半永久的に続いていくわけであり、そこには中・長期的な目線が必要。たとえば村上の指名がいい例である。彼が入団した2018年、前年度最下位に沈んだチームとしてはドラフトで即戦力が欲しくなるもの。

2018年のシーズンに優勝するための戦力には村上はならないけれど、5年先、10年先のヤクルトを思えば、絶対に獲得する選手だというように、チームには先を見越した視野が不可欠。結果、2021年、2022年にセ・リーグを連覇できたのは村上の力が大きく、判断として間違いなかったといえる。

そこから、ファームではフロント主導で「ファームは育成重視で勝つことがすべてではない」という方針が打ち出された。

かつて野村さんはこんなことを言われていた。

「1軍の監督は勝つための選手起用をするべきだが、2軍の監督は勝つことの厳しさを植え付けつつも、あくまでも育成という観点でゲームに起用すべき」

今、1軍の高津監督と編成、フロントは同じチームコンセプト、共通認識を共有して戦っている。たとえば新たな監督が就任して、その監督が勝つためにさまざまなコーチを招聘してきて、その監督が辞めるタイミングでコーチたちも一緒に辞めていくというのはあまりよくない形だと思う。

サード転向

高校時代の村上はキャッチャーだった。しかし、彼の打力を生かすため、1年目からサードへコンバートすることは入団前に決めていた。引き続き、キャッチャーをやらせようなんていう考えはこれっぽっちもなかった。

指名挨拶の時に九州学院に行くと、坂井《さかい》宏安《ひろやす》監督は「3年間、キャッチャーとして手塩にかけて育てたのに、コンバートなんかあり得ないから」。さすがに来年からコンバートを考えていますからとは言えず、その場では「そうですよね」と調子を合わせた。

彼のキャッチャーとしての能力どうこうではなく、キャッチャーというポジションだとなかなか試合に出られない。彼の一番の武器であるバッティングを生かすため、サードへのコンバートは最初から決めていた。

本人には、入団発表の時に伝えた。本人的には抵抗がなかったように感じたし、記者には「僕はやっぱり打つほうなんで、キャッチャーにはこだわりがない」と話していた。1年目、2軍でサードをやっていたころ、「なんでコンバートしているんだよ」って坂井監督が怒っていると担当スカウトから聞いた。しかし、2年目に結果が出始めてから、「やっぱりよかったな」と言っていたらしい。

入団から2年目の年、村上は、時々キャッチャーミットを持ったりもしていたから少し未練があったのかもしれない。もしキャッチャーがいなくなったらやらせる可能性は少しだけあり、あいつに、「そうなったら頼むな。でも、おまえに合うプロテクターがないか」と笑った。

村上の育成方針

村上を球界を代表する選手にするため、徹底的に鍛え上げる――彼の入団に際して、監督の私と宮本慎也ヘッドコーチはこの方針をきっちりと共有した。中途半端に1軍で使わず、1年目はもう徹底して2軍で鍛えることとした。

1年目、長いシーズンをプロ野球選手として戦い抜く体力と技術、サードの守備を徹底的に鍛えた。ファームといえど、高卒1年目の選手が1年ずっとケガもなく戦い抜くのは大変なこと。しかし、彼はずっとファームの試合に出続けて、イースタン・リーグで打率・288、17本塁打、70打点、16盗塁と高卒新人としては抜きん出た好成績を残した。

当時の2軍監督は現1軍監督の高津で、「打つだけだったら今でも1軍の戦力になると思います」という報告を受けていた。サードの守備が下手くそだからすぐに1軍昇格とはならなかったが、1軍の雰囲気を体験させる意味もあり、9月16日の広島戦に1軍のスタメンに起用。初回にエラーをしたが、2回に岡田《おかだ》明丈《あきたけ》からプロ初打席初本塁打を記録した。期待の大型新人の触れ込みに違わず、ド派手なデビューを飾った。

鬼の宮本コーチ

2年目の2019年、賛否両論あったが、私は開幕から村上を1軍で使うことを決断した。しかし、練習量と質は2軍時代にも増してハードなものとなった。宮本ヘッド、石井琢朗《いしいたくろう》打撃コーチの2人がガンガンに彼を鍛えた。

遠征に行っても、他の1軍選手と違い、午前11時くらいからスイングの練習をし、ナイターの試合に臨んでいく。そしてナイターが終わればまたスイングの特訓。そういうリズムとサイクルを習慣づけた。

これは村上だけでなく、西浦直亨《にしうらなおみち》や廣岡大志《ひろおかたいし》もそうだった。徹底的にバットを振らせていた。ある試合の後、村上は石井、宮本両コーチに説教されて、涙を流しながら悔しがっていたことがある。あまりにハードな毎日に試合前の練習で少し手を抜いていたらしい。少なくとも両コーチにはそう見えたのだろう。

宮本が「おまえはちゃんと一生懸命やっているのか」と言うと、彼は「僕はやっています」と答えた。「レギュラーで試合に出ていて、ずっと練習をやるのもしんどいのはわかっている。だけど、それはレギュラーとしての義務。まだおまえは自分の力で試合に出ているんじゃない。出させてもらっている立場なんだから、そういう人間が練習の時に手を抜いたらだめだ」と両コーチの言葉は激しかった。

私は村上がコーチたちに怒られている場面に立ち会っていた。村上は泣いているし、ちょっとかばってあげたいなという思いもあったけど、私がそっちに付くわけにいかない。何も言わず、心を鬼にしてそのやり取りをずっと聞いていた。

心身の丈夫も才能

こういういわゆる、スパルタ教育が現代にマッチしているかどうかはわからない。昔はそういうのが普通だったが、昔が決していいとは言い切れない。昼からスイング練習をするというスパルタ方針は1度目の監督時代（2010～2014年＝監督代行期間も含む）でもしていたが、2回目の監督時代（2018～2019年）においては、これはという選手にはさらに徹底的に鍛える方針をとった。

これはバッティングコーチになった人の方針にもよるもので、石井コーチは練習方法の引き出しが多く、昔からのスタイルでやっていたからというのもある。実際、バッティング練習の時間は長かったし、村上のみならず、選手たちは非常にきつかったと思う。

しかし面白いもので、ハードトレーニングに最初は耐えきれずにいた選手たちも、ずっとやっていると次第に普通にこなすようになる。たとえば1時間半くらいの時間の中で、バッティング練習、バント練習、ティーバッティングなどをセットで回していくのだが、最初はヘトヘトになっていたものの、次第に普通にできるようになっていく。

この経験、感覚はどこかで生きてくると思う。自分が困難に直面したときに乗り越えられる武器になるのではないだろうか。仮に野球から離れたとしても、人生のいろんなものにつながってくると思っている。

それにしても、このころ村上はノックも人一倍やり、昼前から出てきてスイングをやり、試合にフル出場し、終わってからまたスイングをやり……本当にしんどかったと思う。この練習量に耐えた村上の根性はすごいが、それをこなした彼の体の強さもまたすごかった。並の選手であれば、体と精神どちらか、もしくはその両方を〝ケガ〟していた可能性もある。

ヤクルトの練習はハード

当時の厳しさと練習量、本当に村上の役に立ったのかどうか。「あれは何の役にも立たなかった、マイナスでした」とあいつは言うかもしれない。あるとき、ハードな練習量に関して、「これがヤクルトのスタイルなんです」と話していたという。正直、少し嬉しかった。

監督によって方針はいろいろ変わるが、基本的にヤクルトは昔から練習量は多い。練習量の広島なんていわれているが、じつはヤクルトも多い。宮本なんかはもともと守備が上手かったが、バッティングはいまいちだった。それでも練習量と質、プラス野村さん流の頭を使う野球で、２０００本を打つまでになった。もちろん通常の練習に加え、さらに彼が練習した結果でもある。

村上は使い続けなきゃいけない選手

２０１９年シーズン、前述したように2年目の村上を開幕戦からレギュラーで起用した。前年のファームで彼は2軍戦やフェニックス・リーグで好成績を残していた。ファーストやサードの守備は大きな不安だったが、これからのヤクルトの中心選手になる逸材だというのは誰もが思っていたから起用に迷いはなかった。しかし、レギュラーとして使い続けるには、正直、覚悟が必要だった。

シーズンが始まると、守備の不安定さに加えて、打撃の不振も目立った。スタッフの誰もが村上の素質の素晴らしさはわかっていた。ただ、その指導方法として、もう1回ファームで鍛え直したほうがいいんじゃないかという意見や、このままゲームで使い続けても彼のためにならないんじゃないかという意見もあった。監督として決断を迫られた。

最終的には「村上は使い続けなきゃいけない選手」だという私の一存で使い続けることを決めた。「もう一回りちょっと待ってくれないか」とコーチ陣には告げた。いろんな方法論がある中、その中で「試合に出続ける」というのも一つ、選択肢として考えなきゃいけないと思っていたのだ。

瀬戸際の勝負強さ

村上という男は、運が強いというか胆力が強いというか本当に面白い選手。開幕から打撃不振が続き、この試合で打てなかったら、もうフォローできない、２軍行きを宣告しなければならない、というギリギリの試合でいつも結果を出す。

２０１９年４月25日の巨人戦はまさにそういう試合だった。相手投手はエース菅野《すがの》智之《ともゆき》（現オリオールズ）。そんな難敵から彼は２本ヒットを打ち、さらに高木京介《たかぎきょうすけ》、戸根千明《とねちあき》の両左腕からも１本ずつ打って、計４安打。それまで４本なんてあり得ない話だったのに、瀬戸際の試合でプロ初の４安打を記録したのだ。そういう節目節目での大事なところで結果を残す。

２０２３年のＷＢＣのメキシコ戦でもそうだった。村上のことを〝（運を）持っている男〟と呼ぶ声もあるが、あれは彼が持っている実力。技術とパワーだけではない彼の人間力だと思っている。

図太い男

２０１９年シーズン、村上は結局、チーム唯一となる全１４３試合に出場し、36本塁打、96打点（どちらもリーグ３位）を記録し、新人王のタイトルを獲得した。一方、三振は２００４

年に岩村明憲《いわむらあきのり》が記録した173を上回る184を記録し、セ・リーグ記録および日本人選手最多記録を更新した。

私はヤクルトに入団してからいろいろな監督に仕えてきたけれど、関根潤三さんは三振も凡打も同じという考え方で、とにかく三振に対してああだこうだっていう人じゃなかった。そういう指導の中、ヤクルトの若き大砲の広沢克己《ひろさわかつみ》・池山隆寛という選手は伸びていき、中心選手になっていった。

そういう経緯を見てきたので、三振するなとか細かなことをいうということは、成長段階として非常にマイナスになるのではという思いがあり、村上にはいわなかった。

特に彼は希代のホームランバッターになれる素質を持った選手。小さくまとまってしまわないようにと心がけた。結果として、高卒2年目にして36本のホームラン。ただ、彼は〝太い〟男、「三振するな」と言ったところで何とも思わなかっただろう。

村上は今や球界を代表するバッターになったが、性格面もすごい。一言でいうと、図太いのだ。その図太さは令和のマイルドで繊細な時代には珍しい、最近得がたいキャラクターだ。昭和の選手のような逞しさがある。もしくは逆に新し過ぎるのかもしれない。

2019年春のこと。キャンプで選手たちが遠征に行っている間にクラブハウスのロッカーが改装された。メジャー式の、真ん中にソファーとテレビ台を置いて、その周りを選手個々のロッカーが囲むようなかっこいい作り。キャンプから帰京した時、あいつはいの一番で自分の荷物を真ん中のソファー部分に置いたのだ。

高校出の2年目の若手が取るべき行動ではなく、とんでもない話。村田正幸《むらたまさゆき》という用具係が「おまえ、まだ早いから」と言って、荷物を出されたらしいが、そういう先輩後輩の上下関係のことは全然お構いなしなのだ。

主役の人生

私はそのとき、長嶋一茂を思い出した。一茂は「私は主役の人生を歩むのだ」と疑いなしに、120％そういう成功者のマインドで生きているわけだ。これは聞いた話だが、ショートの名手・長岡秀樹《ながおかひでき》が、ピンチの場面になって、「村上さん、緊張しますね」っていったら、あの守備の下手な村上から、「おまえ、何を弱気なことを言っているんだ」と怒られたという。

本来なら長岡より弱気になってもおかしくないのに、この強気。彼の頭の中には失敗という文字がないのかもしれない。

しかしこの図太さというのは、プロ野球選手にとって必要で大事な部分でもある。ドラフト後、初めて一緒に食事をしたときに、私が彼になにか質問したら、「うーん、どうかな」と返ってきた。礼儀のなさに「ああやっぱり今どきの子だ」とあきれもしたが、物おじしない性格自体は勝負の世界に向いている。今の子は、良くも悪くも上下関係の意識が希薄なのかもしれない。

2022年、シーズン終盤、王さんのホームラン記録を目前に足踏み状態が続いていた時に、

「打てなかったら、どんどんプレッシャーを僕に与えてください」と言っていた。のちに強がっていたと明かしていたけれど、そうだったとしても、やっぱり並の若者からは出てこない発言である。

村上のスペシャルな部分

2017年のドラフト会議。清宮、村上、安田が高校ビッグ3といわれたが、現段階において、清宮と安田は当初いわれていたほどには活躍できていない。これは結果論かもしれないが、やっぱり村上にはスペシャルな部分があったのだと思う。

性格の図太さや集中力、試合に入り込む姿勢には目を見張るものがある。自分が全然打てなくても、チームメイトが打って試合に勝ったら大喜びしている。あの喜びようというのはなかなかできない。あれは、たぶん自分に対する自信の表れだと思う。今日はたまたま打てなかったが、自分はいくらでも結果を出せるから、というね。

プロ野球選手はライバルがヒットを打ったら「ナイスバッティング」なんてベンチでは言うけれど、自分がヒットを打ってなかったら、内心では面白くない部分は結構ある。プロならこれが普通だと思うが、あいつの場合はチームメイトの活躍を心底喜んでいる。

やはり根底に揺るぎない自信があるからこそ、人の成功を素直に喜べるのだろう。そして純粋に勝利を欲する気持ちがある。周りが打とうが何しようが、自分は打てる、チームに貢献できるという自信がある。はっきりいうと彼にはリーダーの資質があるんだ。

村上は若くしてチームのことを考えられる数少ない人間。生まれ持ち、育んだリーダーシップと、絶対に成功するという自らを疑うことのないマインド、その力が図抜けているのだろう。これは入団する前までは分からないことだった。

野球IQ

もともとプロ野球の世界に入ってくる選手というのは、アマチュア時代に天才といわれていた人ばかり。それでも活躍できる人とそうでない人は分かれる。さまざまな要因があるが、分かれ目の1つには考え方というのがあると思っている。

努力するのは当然だが、努力の方向性を自分で考えられるかどうか。周りからのアドバイスはいっぱいあるけれど、その中から何を選択するかを最終的には自分で考えて、行動に移していかなければならない。その感性が結果につながっていくのだと思う。

村上は1年目、1軍の初打席でホームランを打ったけれど、その後の十何打席ではヒットすら打てなかった。しかし、その十何打席で自分の課題を明確にし、そこに向かってずっと練習に励んでいたという。その結果、1年目の秋のフェニックス・リーグで単年では歴代最多となる10本塁打という成果につなげた。

どんな課題を持っていたのか、細かくは聞いていないが、自分がプロの舞台で活躍していくために何が必要か、どういう取り組みをしていかなきゃいけないのかを考えられる感性が素晴らしい。野球IQの高さというかね。野球でなくても頭のいい人は、努力の仕方をよく知っている。野球IQの低い人は、何をやったらいいかわからない。だから、決して事細かに教えないとしても、努力の方向性を示して、導いてあげるのが指導者として大事なことだと感じている。

宮本と村上の関係

宮本ヘッドコーチは心を鬼にして、村上をしごいた。その練習量はすごかった。彼は執念をもってチーム強化に取り組んでいた。あえて人の嫌がることを言ってくれていた。

あるとき村上は宮本に、「宮本さんは僕のことが嫌いなんだ」とこぼし、宮本は、「違うよ。そこそこの選手でいいんだったら、俺はこんなに怒らないよ。おまえは球界を代表するような選手になると思っているからこれだけ言っているんだよ」。そんな会話があったと聞く。

今でも、村上は宮本に対して、どうも否定的な気持ちがあるらしい。だが、のちにきっと宮本の思いが理解できるときが来ると思う。

面白いのは2020年のオフ、村上が55番の背番号を6番に変えたいと言ってきたことだ。その前には、16番がいいなんて言っていたこともある。当時、16番は原樹理《はらじゅり》の番号。「おまえだったらいいよ、譲っても」みたいなことを原が言ったらしい。私が「16は原が付けているし、なんで16なんだよ」って言うと、はっきり理由を言わなかったが、どうも地元・熊本の英雄で打撃の神様といわれた球界のレジェンド川上哲治《かわかみてつはる》さんを意識していたようだ。

これは却下になったが、実はその時、一度、「6番はどうだ」と人を介して、あいつに言ったことがあるんだ。その時は、「6番は絶対に嫌です」と言っていたのに、しばらくしたら、前述のとおり、あいつのほうから「6番が欲しい」と言ってきた。

6番といえば、もちろん宮本の現役時代の背番号だ。「なんで変えたいんだよ」って言ったら、「いや、55はちょっとでかいじゃないですか。秋広《あきひろ》（優人《ゆうと》・巨人）もいるし」って。「秋広がいたって、55番といえば今はお前じゃねえか」「いや、でも」なんて言っている。

6番はその時、新人の元山飛優《もとやまひゆう》（現・西武）がつけることに決まっていた。「いや、新人に6番は決めたから」と言うと、「僕より新人を優先するんですか」みたいなことを言うから、「おまえ、絶対に嫌だって言ってたじゃねえか。なんで6番なんだよ」「いや、何となく」って。「1ケタの番号は、おまえの背中に合わないから。しかも今55でコマーシャルも出ているのに55を変えるわけにいかないよ」と最後は押し切った。

本人、納得がいっていないらしく、2023年になってもまた言ってきた。結局、変えなかったが、あれはどういう思いで言っていたのだろう。一度は嫌った背番号6番を、再度所望するという彼の心の変化というのは、師匠宮本に対する気持ちの変化なのかなとも思うが、本当のところはよくわからない。

熊本でのスピーチ

2022年、村上が三冠王を獲った年の暮れに、彼の三冠王を祝うパーティーが熊本で行われて、そこに呼ばれていった。スピーチを頼まれ、こんな話をした。

「2年目に1軍でずっと出ている時にコーチから厳しいことを言われ、つらかったと思うけど、あれだけ厳しいことを言ってくる存在というのは非常にありがたいもの。今後のプロ野球人生、活躍すればするほど嫌なことを言う人はいなくなる。これからの長い人生を生きていくうえで、そういう存在は絶対に必要だから、ちょっと心に留めておいたほうがいいよ」ということを彼に向かって話した。

おそらく彼の心には全然響いていない。全然響いていないのだけれど、どうしても知っていてほしくて、あえて大勢の人が集まる中で言った。

野村克也さんと村上の出会い

プロ1年目の2018年2月。宮崎・西都市での2軍春季キャンプの時、村上はヤクルトの名将・野村克也さんと初めて接触している。

当時、18歳になったばかり、1年目のまだどうなるともわからない青年に、野村さんは「王の記録なんか破っちゃえ。とりあえず俺の記録を破れ。ホームランバッターになった姿を俺が生きているうちに見せてくれるか？」と言い、「はい！」と村上は直立不動で答えていた。

さらに野村さんは、「おい、内角はどうやって打つんだ」と村上に問いかけていた。内角がウィークポイントだと思っていたのかもしれない。そして、内角をこなさないとホームランバッターになれないと言いたかったのかもしれない。

4年後の2022年に村上は、野村さんとの約束を果たし、王さんの記録を抜いた。お亡くなりになる前に野村さんにその姿を見せることはできなかったが、偉大な野球人との邂逅《かいこう》は、彼の野球人生に大きな影響を与えたのではないだろうか。

ミスタートリプルスリー山田哲人

村上と並び、ヤクルトが誇る球界のスター、山田哲人。思えば、山田とは不思議な縁があった。2010年、監督になって初めてのドラフト会議で、1位でくじを引き当てたのが履正社高校のショート・山田だ。

あの年は、ハンカチ王子こと早稲田大学のエース斎藤佑樹が目玉で、ヤクルトも最初は斎藤を指名した。しかし、4球団競合となりくじを外してしまった。次に指名したのが八戸大学（現八戸学院大学）の左腕、塩見《しおみ》貴洋《たかひろ》。楽天との2球団競合となりこれも外して、3回目で指名したのが山田だった。これもオリックスと2球団競合だった。くじを争ったのは当時オリックス監督の岡田彰布。「うちのスカウトはガセネタばっかりつかませるんよ」と言いながら、岡田は私と一緒にクジを引くべく壇上に上がって行った。

オリックスは最初、早稲田大学の右腕、大石達也《おおいしたつや》を指名して外していて、次に狙ったのが東海大学の外野手、伊志嶺翔大《いしみねしょうた》。この伊志嶺をオリックス陣営は一本釣りできるとふんでいたらしい。そうしたら、伊志嶺はロッテと重複してしまった。それでロッテがくじ引きで獲得。伊志嶺は単独指名でいけるはずじゃなかったのか——この段階で岡田は頭に来ていた。あいつも文句言いたがり屋で、あんなことを言ったんだ。

山田はヤクルトが獲得し、結局、岡田は3回も外してしまった。ここまで競合が続き、くじが外れまくるのもなかなか異例のこと。4回目の1位指名でオリックスが獲得したのが、上州のイチローといわれた、前橋商業の後藤駿太《ごとうしゅんた》だった。

翌年の春のキャンプ。オリックスとの練習試合の時に岡田と話したら、「おい、駿太っていうのはいい選手だぞ」と言い出し、「じゃあ山田を外してよかったな」なんて会話をした。その年、駿太は高卒1年目ながら開幕戦でライトでスタメン。一方の山田は2軍スタートだった。

不思議な縁と運の強さ

斎藤を外し、塩見を外し、山田は外れ外れ1位での入団だった。しかし、ヤクルトも他球団も1位候補の中の最上位の評価でなかった選手が、のちにトリプルスリーを史上初の3度も達成する選手になるとは。なんとも不思議な縁だ。

山田自身、ヤクルトに入りたがっていたという。別に私やコーチの指導が飛びぬけて素晴らしかったとは思わない。それでも山田があれほどの選手になったのは、彼自身のセンスと努力、杉村繁《すぎむらしげる》コーチとの出会い、そして自分が一番伸びる環境を引き寄せた彼のもつ運だったと思う。

斎藤にしろ塩見にしろ、くじを引いたのは私だが、指名順も含めて判断・決定はスカウト主導の下だった。この年を含め、監督として何度かドラフト会議に参加したが、私自身で誰かの獲得を強く主張したことはない。

監督をしているとアマチュアの選手たちを視察に行くような時間はなく、そこは日頃から選手をきっちり見ているスカウト陣の目を信用していた。また、「与えられた戦力でいかに勝つかが監督なんだ」という野村さんの言葉を強く意識していたということもある。

この年もいの一番に斎藤を指名するというのはスカウトや首脳陣の判断だった。斎藤はヤクルトの本拠地・神宮で活躍した六大学のスター。人気や実力、すべてを加味した上で斎藤を指名したフロントの判断は当然だったと思う。かつてヤクルトは早稲田実業の荒木大輔を指名、くじを引き当てていたこともある。

ドラフト当日は記者連中にそそのかされて早稲田カラーのエンジのネクタイで臨み、2回連続でくじ失敗。壇上へあがり、外して帰って来るたびに、1年間頑張ってきたスカウトの方々に「すみません」って心の中でつぶやいていた。

1度だけの希望選手

監督時代、基本的にドラフトで獲得する選手についてはスカウト判断にお任せではあったが、1度だけ獲得を強く要望したことがある。「大阪桐蔭の藤浪晋太郎《ふじなみしんたろう》を勝負してもらえないですかね」と。

甲子園の優勝投手。投げるボールの速さと威力、堂々たる体格。あの大舞台でのパフォーマンスと底知れぬポテンシャルは驚異的だった。こんなピッチャーはそうはいない、高卒だけど即戦力になるとお願いした。ドラフト会議では、阪神、オリックス、ヤクルト、千葉ロッテとの4球団競合となり、結果、阪神が獲得した。

衝撃の1軍デビュー

2度のクジ引きに敗れ、獲得にいたった山田だが、結果的には大成功。山田はヤクルトの未来を大きく変える、偉大な選手となった。

2011年、日本シリーズ出場を懸けた中日とのクライマックスシリーズ（CS）、ショートを守る川島慶三《かわしまけいぞう》と川端慎吾がケガをし、どうしようかと頭を悩ませていた時に現れたのが1年目の山田哲人だった。

山田はフェニックス・リーグで、調整のために参戦していた中日のチェンや山井大介《やまいだいすけ》らローテーション投手からヒットを打っていた。ヤクルトの0勝2敗（アドバンテージ1敗含む）で迎えた第2戦。相手の予告先発はチェンだった。

朝、名古屋城へ散歩に出る前、コーチの城石憲之《しろいしのりゆき》がやって来て、「山田が使ってくださいと直訴しています」と言う。名古屋城の周囲を散歩しながらそのことをずっと考えていた。「レギュラーシーズンで一度も出場していない高卒1年目のルーキーをこの大事な試合で使うべきなのか」

私は決断した。CSがデビュー戦となった彼のプレーは、本当に衝撃的だった。中日のチェンら一線級ピッチャーの投げる球に、多くの選手が翻弄される中、彼はきっちりアジャストしていたのだ。なんという野球センス！

第4戦では川井雄太《かわいゆうだい》から右翼線への2塁打を放ち、浅尾拓也《あさおたくや》からはタイムリーを打ち、初打点を記録した。ヒットはもちろん、凡打の内容もインパクトのある素晴らしいものだった。ショート守備では、二遊間寄りのゴロをファーストに暴投するなどルーキーらしい未熟さも見せたが、あの試合で、初めて山田は自身の能力の高さを周囲に証明できたと思う。しかも彼は自らの出場を直訴していたのだ。なんたる強心臓。

結局、中日とのクライマックスシリーズは2勝4敗（アドバンテージ1敗含む）で敗れ、レギュラーシーズンの雪辱は果たせなかったが、山田はきっちり勝利に貢献した。のちにトリプルスリーを3度達成、日本代表を何度も世界一に導く偉大なプレーヤー誕生の瞬間だった。

しなりで飛ばすバッティング

「こいつと決めたら徹底的に使う、育てる」は、恩師・中央大学の宮井監督から学んだ教訓だが、その〝こいつ〟と思わせた選手が村上であり、山田だった。彼らにはひいき扱いにさせる魅力があった。

山田は高校生のときから150キロを超すスイングスピードを誇っていたが、驚いたのは、タイミングの取り方と体の柔軟性を駆使して、しなりで飛ばす彼のバッティングセンスだった。力感のないスイングでも打球が飛ぶのだ。

1年目の春のキャンプの時から彼はフリーバッティングで、120メートルくらいだろうか、とにかくバレンティンと同じぐらい飛ばす。あの細い体でなぜあそこまで打球が飛ぶんだとビックリした。力任せではなく、うまくバットにボールを乗せて、体のしなりで打つ。こういう天才的なバットコントロールが入団直後からできていた。

彼は高卒1年目ながらファームの試合にもずっと出ていた。普通、高卒1年目のルーキーはケガをしたり、体力不足で1年間もたないもの。彼のタフさは意外だった。

山田の躍進の陰には、彼の入団3年目からヤクルトに復帰した杉村繁コーチの存在もあると思う。杉村コーチは中西太《なかにしふとし》さんの教えをベースにした打撃指導で定評があり、青木宣親や内川聖一を育てたことでも知られる。山田は入団当初、引っ張ってとにかくホームランを打ちたいという考え方だった。

それは決して悪いことではないけれど、「そればかりやっているとプロだとコンスタントに結果を出すことはできない。打球が結果どこに飛ぶかはわからないけれど、センターに向かって打ち返していくことが大事」だという話を杉村コーチは山田にしていたらしい。

それにしても、とんでもない選手に山田は成長した。今や立派なヤクルトの背番号１。ここまでの選手になるとはドラフト当時、私も含めて誰も予想していなかっただろう。

斎藤佑樹と山田哲人

斎藤佑樹と山田哲人にまつわる失敗談がある。私は、恩師、中央大学の宮井監督の招きで、王貞治さんも出席する「紫紺会《しこんかい》」（早稲田実業野球部ＯＢ会）に参加させてもらっていたが、２０１４年に紫紺会の新年会で、スピーチを任された。やっぱり早実に関係する話をしたほうがいいだろうと思い、そうしたら山田と斎藤のドラフトの話をするしかない。

「自分が監督になって初めてのドラフトで、斎藤佑樹にいったんですけど、残念ながら外してしまいました。でも残ったくじで、山田が当たり、山田の活躍からすると、早実の方には大変申し訳ないんですけど、斎藤佑樹が外れてよかったな、なんて少し思ってます」

もちろん冗談のつもりだったが、スピーチが終わり、円卓のテーブルに戻ると王さんや宮井さんに加えて、ベースボール・マガジン社の池田哲雄社長が私の隣の席にいた。斎藤と池田社長の関係はみんな知っている。「ああ、まずいこと言っちゃったよな」なんて思っていたら、王さんが「うん、山田っていうのはいい選手だよな」ってフォローしてくれた。非常に気まずかった。

第2章　プロ野球は戦場

髙津監督&小川GM誕生

今から6年前の2019年の終わり、私は2度目となる監督（2018年、2019年。1度目は2010～2014年＝監督代行期間を含む）を辞任し、しばらくして衣笠剛《きぬがさつよし》球団社長兼オーナー代行（現会長兼オーナー代行）から、「またフロントでどう？」と要請を受けた。私はオファーがあれば断らない人間。「何でも受けさせていただきます」とこたえ、ゼネラルマネジャー（GM）に就任し、新たに髙津臣吾監督が誕生した。

前回（2015～2017年）のシニアディレクター（SD）もこれまでヤクルト球団にないポジションだったが、今回のGMも初の試み。前回のSDと何が違うのかといえば、大きく変わったわけではないが、チーム編成においてカバーする範囲が広がった。

GM就任にあたり、野心的な目標を掲げたわけではない。ただ、長年ヤクルトに関わってきて、2011年の2位、2015年の優勝、2018年の2位とたまに躍進することはあっても、継続的な強さを身に付けることができずにいたことに課題を感じていた。2013年と2014年、2019年と2020年と続けて最下位はあっても、続けて優勝することができなかったのは、ポテンシャルはあっても基本的にチームの選手層が薄かったからだ。

私が監督を務めた意味合いは、いわば〝つなぎ〟。次の監督にいい戦力状態で渡すことがミッションだった。だから、次世代を担う選手の誕生の種をまき、実際に村上や高橋奎二の出現はあったがまだまだ足りない。なんとか戦力の底上げをしようと考えた。

チームはバランスが非常に重要で、投手だけ、野手だけよくてもなかなか勝てない。そして、1人だけ優れた選手がいても、チームとして機能していかない。今はセ・リーグ6球団の、ポジションごとの評価というのがデータとして数字で出てくる。そのころ、山田なんかはセカンドでリーグのトップでいたけれど、それ以外のポジションは厳しかった。

野手は2017年のドラフトで、村上宗隆（1位）、塩見《しおみ》泰隆《やすたか》（4位）、宮本《みやもと》丈《たけし》（6位）らを獲得し、彼らは順調に成長したが、ピッチャーが育っていないのが痛かった。ピッチャー陣を整備できていないのがバランスを崩すことにつながり、野手陣にもその弊害がでていた。そんな状態で2020年にバトンを高津に渡し、高津ヤクルトはスタートした。

2020年、2年連続の最下位

高津体制1年目となる2020年、新型コロナウイルス感染拡大の影響で開幕延期、試合数減の異例のシーズンとなった。

序盤は上位争いを展開していたが、徐々に失速。41勝69敗10引分で残念ながらチームは2年連続の最下位に沈んだ。しかし、希望が見えてきた1年でもあった。

明るい材料の一つは3年目の村上。この年、打率・307（リーグ5位）、28本塁打（リーグ2位タイ）、86打点（リーグ2位）の成績を残し、弱冠20歳にしてヤクルトの4番に座るまでに成長した。そして、期待の新人・奥川恭伸《おくがわやすのぶ》が1軍デビュー。2年目からの躍進が期待された。

来年こそはという期待が高まる中、長年ヤクルトを支えてきた石山泰稚《いしやまたいち》、小川泰弘《おがわやすひろ》、山田哲人の3人がFAとなる年を迎えていた。最下位でプラスアルファがない中、さらにFAで抜かれるということは2021年はマイナスからのスタートになってしまう。何とかチームに残ってもらいたいという時に、衣笠社長に奮闘していただき、彼ら3人は残留を決断してくれた。

前年度までいた選手なので、プラスというふうには捉えることは難しかったかもわからないが、3人がいなくなれば来年度の優勝は絶望的。村上が待望の日本人4番打者となり、エース候補・奥川が出てきただけに3人の残留は本当に大きかった。

FA交渉に私は加わらなかったから、どんなやり取りがあったか、詳細はわからない。ただ条件面に関しては、衣笠社長、原田要《はらだかなめ》取締役ら球団にかなり頑張っていただいた。2年連続最下位からの逆襲に向けて、来季に大きく展望が開けた。

廣岡⇔田口のトレード秘話

迎えた2021年、シーズン前に大きな出来事があった。ヤクルト・廣岡大志と巨人・田口《たぐち》麗斗《かずと》とのトレードだ。キャンプの時、巨人との練習試合前に私は巨人の原監督とバッティングケージで練習を一緒に見ていた。その時、突然、原から「田口どう？　小川さん」とトレードを打診された。

「田口欲しいよ、くれるなら。でもうちは交換相手、田口に見合うようなやつはなかなか出せないぞ」

「いや、いるじゃないですか」

「誰？」

「廣岡」

「廣岡!?」

言葉を失う私をよそに、原は「小川さん、３日間ね」と言った。「３日間で決められるわけねえだろ」と私は心の中でつぶやくなか、「じゃあ頑張ってね」と原は去っていった。廣岡は期待の若手でレギュラー候補。どうするべきか、そんなことを考えながら、練習試合を巨人の大塚淳弘《おおつかあつひろ》副代表と一緒に見ていた。すると、大塚さんは、「小川さん、いいですよ。こんな大事な案件をそんな３日間で決めなくていいですよ」って言う。

どっちなんだよ、と思ったが、原は全権監督。やっぱり３日間で返事をしなきゃいけないと思った。一見、無茶ぶりのようにも感じられるが、原がそう言うのも分かる。トレードというのは先延ばしにしていくと、まとまらないケースが多いのだ。もう決断するんならスッと決断をするというのは、けっこう大事なことだった。

廣岡が主戦場としていたショートには、この年、東北福祉大から元山飛優がドラフト４位で入団していた。長岡秀樹はまだ出てきていない。前の年にショートを守ったエスコバーはすでに退団していた。廣岡のライバルは西浦直亨だった。西浦とルーキー元山が頑張れば、出せなくはないが……。

うちは2年連続最下位のチームで投手力不足、しかも深刻な左腕不足。田口は本当に欲しいが、廣岡も非常に魅力的な選手であり、迷いに迷った。だが、このトレードの話がうわさになったら、破談になるかもしれず、急がなければならない。私はゼネラルマネージャーとして決断。衣笠社長に連絡した。「こういう理由で廣岡なんですけど、田口とトレードで考えたいんですが……」。許可はすぐに出た。

このトレードに関して、監督の高津にどの段階で話をしたかは覚えていない。だがチーム事情を考えれば、このトレードは前に進める以外にない。監督の意見をじっくり待っている時間はなかった。でも言えば、「田口が欲しい」と絶対に言っていたはずだ。

廣岡は2016年、私がシニアディレクターだった時に入団してきた選手。思い入れのある選手で、試合にも使い、なんとか彼を一人前にとやってきただけに惜しく、完璧なレギュラーになるまで彼を育てきれなかったという反省も私の中にある。しかし、伸び悩んでいた彼にとって、環境を変えてあげることは大事なことでもあった。

また、その時の巨人には、彼を鍛えた石井琢朗もいた。これも廣岡には好機。ただ、その石井は原とあんまりうまくいっていなかったようだ。球団内の事情というのは、実際に中に入ってみないとわからないこともある。

２０２１年、ヤクルトの逆襲

石山、小川、山田の３人が残留し、田口がトレードで加わり、新外国人のオスナ＆サンタナも加入。伸び盛りの村上に、期待の奥川もいる。大きな戦力の上積みがあったわけではないが、戦力のバランスがよくなった。

シーズンは髙津監督のマネージメントもあり、まずまずのスタート。最初のうちは出来過ぎかなというふうな思いもあったが、徐々に選手が自信を持ちはじめ、シーズン終盤はスタンドから見ていて選手たちがすごくたくましく見えた。

オスナ＆サンタナは本当にナイスガイで、〝チームで戦う〟ということを考えてくれる珍しい外国人。自分が打てないと不貞腐れて集中力を欠くような外国人選手が少なくないなか、彼ら２人は、たとえ凡打に終わろうとも１塁まで全力疾走するなど一生懸命にプレーしていた。そんなに突出した成績を残したわけではなかったものの、日本の野球にフィットした。

性格面というのは実際に入団するまで本当にわからないもの。オスナなんかは本当に日本が気に入ったみたいでシーズンが終わっても京都を旅行してみたり、日本を堪能している。普通、外国人選手はシーズンが終わればすぐに帰国するのに、オスナは珍しいタイプだ。

オスナ＆サンタナの獲得に関しては、アメリカでヤクルトのスカウトとして活動しているバーネット＆ガイエルの元ヤクルト選手と、海外スカウト担当・奥村政之《おくむらまさゆき》のグッドジョブだった。

6年ぶりのリーグ優勝と20年ぶりの日本一

この2021年シーズン、9月のはじめぐらいまでは3位だった。しかも首位を独走する阪神から大きく引き離された3位。しかし9月、10月から快進撃がスタート、その勢いたるや、少し神がかっていた。

別にこの時期、阪神が調子を落としていたわけではない。阪神は阪神で貯金を少しずつ確実に積み重ねていた。しかし、それ以上にヤクルトが負けず、貯金を増やすペースが上回っていたのだ。ヤクルトはついに最大7ゲーム差をつけられていた阪神に追いつき、10月26日に6年ぶりのリーグ優勝を達成、さらにはオリックスとの日本シリーズも4勝2敗で制し、2001年以来20年ぶり6回目の日本一に輝いた。

終わってみれば、阪神とのゲーム差はゼロ、ヤクルトの勝率・584、阪神は・579とわずかに上回った奇跡的なシーズンだった。この阪神とのデッドヒートを制することができた理由のひとつに高津監督のマネージメント力の高さというのがある。高津監督には、新しい戦力を思い切って使う勇気と決断、判断力があった。

さらに、夏場の暑い時期に涼しい東京ドームで戦える試合が多く、疲労度、集中力の維持に優位性を出せたというのもある。

野村克也さんは生前、勢いのあるチームが一番手強いと語っていたが、奥川というニューヒーローが誕生するなど、シーズンの終盤、ヤクルトはまさに勢いに乗っていた。だから、ほぼ絶望的なゲーム差をつけられていた阪神に追いつくことができた。今振り返っても奇跡的な逆転劇だったと思う。

高津監督のマネージメント力

高津は２０１４年、私が監督の時にピッチングコーチで入ってきた。前年２０１３年が最下位だったこともあり、荒木大輔が辞めて、その後任で入ってきた。

私は長年ヤクルトに携わってきたこともあり、ある程度、選手の評価という点において固定観念みたいなものが出来上がっていた。偏った起用になってしまうのはよくない。そこで、就任時、彼には「ピッチャーの起用に関しては任せるんで頼むね」と言った。これには２０１３年の反省もあった。その年の投手コーチだった荒木に投手交代の際などに「大輔、どうする」と聞くと「どうします、監督」って返ってくる。

それで大輔が決めたり、自分が決めたりで結局上手くいかなかったのだ。それで２０１４年は新任の高津に投手起用に関しては全面的に任せた。

シーズンに入ると、「この投手でいきます」という高津に、「え、本当に大丈夫？」と確認したことが何回もあった。そのとき彼は「いや、大丈夫です」ってはっきり言い切る。私は性格的にマイナス思考で、ピンチヒッターを出すときなども、自分で決めておきながら、大丈夫かななんて心配になったりする。

しかし、高津は結果はどうあれ、「いや、大丈夫です」と言い切る。この選手でいくと決めた以上、信頼して送り出す、背中を押してあげることがいかに重要であるか、この年に高津に改めて思い知らされた。

ピッチングコーチから監督になっても、高津イズムは健在で、彼の采配、マネージメント力が2021年の優勝を引き寄せたのだと思う。もう1つ、マネージメント力といえば、彼の持つ言葉の力というのもこのシーズン、見逃せなかった。

優勝争いの真っ只中、連日ヒリヒリするような試合を繰り広げていた9月、「絶対、大丈夫！」と言って選手たちを鼓舞していた。あの言葉がチームの精神的安定をもたらしていた。言葉の力というのはある意味危険でもあるが、髙津監督がそういう言葉の力をうまく用いていたのは素晴らしかった。

古田道場と中村悠平

2021年は、扇の要、キャッチャーの中村悠平の成長も大きかった。キャッチャーは一人前になるのに年数のかかるポジション。私が監督だった時も辛抱強く使っていたが、中村もそれなりに苦労したと思う。

コーチが変われば指摘される部分もいろいろ変わる。たとえピッチャーの投球が悪くて打たれたとしても、配球面も悪かったということになる。連帯責任になるポジションなので、本当につらかったと思うけれど、彼の持ち前の気持ちの強さで踏ん張った。

大きかったのはこの年の春季キャンプに、１９９０年代のヤクルト黄金時代を支えた名キャッチャー古田敦也が臨時コーチを務めたことだった。古田はキャッチャー陣を集めて「スワローズはキャッチャーで勝つ！」と言って独自の指導をしていた。そこから中村は自信がついたのか、雰囲気が変わり、インサイドの使い方とか配球が変わった。

配球の良し悪しというのは結果で判断される部分もあり難しいのだが、それまで変化球に頼ったリードというかワンパターンなことがあり、それを相手バッターに見透かされていた部分もあった。

この古田道場の開催は、髙津監督が提案し、これを球団トップが了承したことで実現した。これも髙津監督のマネージメント力の1つだ。配球に関しては、ホームランが出やすい打者有利の神宮がホームというところもあり、あのタイミングで腹をくくったのだろう。

ちょうど中村本人も変わろうという思いがすごくあって、そのタイミングで受けた古田の指導が後押しとなったのだと思う。そんな中村に責任を持たせる、信頼感に基づく采配も素晴らしかった。

古田道場に加えて、この年からチームに復帰した伊藤智仁《いとうともひと》コーチも割り切りがすごくうまく、結果に対してあんまりグダグダと言わない。その伊藤コーチとバッテリーコーチの衣川篤史《きぬがわあつし》のコミュニケーションがうまく取れていたというのも大きかった。

衣川コーチはスコアラー時代から優秀で、相手チームの状況を的確に見極め、その対策をあいまいな言葉ではなく、自信を持ってはっきりと伝えていたのだ。選手が迷いなくプレーできるよう、いろいろなデータを提供し、選手の背中を押してあげていた。

ホークアイ

最近ではどの球団もデータ分析に力を入れているが、この年からヤクルトはホークアイという最新機器を12球団で一番最初に導入していた。ホークアイとは、球場に設置した8台の専用カメラでボールなどの動きをミリ単位の正確さで捉えてリアルタイムに解析し、さまざまな種類のデータを取得できるもの。

投手であれば、投球の速度・回転数・回転の傾き・軌跡、リリースポイントの位置などのデータがわかり、打者であれば、打球速度や角度、打球方向、バットのスウィートスポットでとらえたときの打率、非スウィートスポットでとらえたときの打率などがわかる。

ホークアイが示すデータに興味のある選手とそうじゃない選手と結構分かれるが、それをうまく生かしていけたというのも大きかった。これらの導入費用の部分なども球団には頑張っていただいた。ただデータはそれがあるだけではダメで、それをどういうふうに生かしたらいいかという最後は人間の部分が重要になる。伊藤智仁コーチはその辺のデータの落とし込み方にすごく長けていて、実際の選手のパフォーマンスに生かせている。

２０２２年、連覇を懸けた戦い

２０１４年最下位、２０１５年優勝、２０１６年５位とヤクルトのよくある乱高下が怖かった２０２２年。

勢いだけじゃない、真の強さが問われたこの年、大エースになることを期待した奥川がシーズン序盤にケガで離脱するなど、暗雲垂れ込めるスタートとなったが、チームは絶好調。シーズン序盤から独走し、セ・リーグ初の交流戦完全優勝を達成。史上最速（７月２日）で優勝マジック「53」を点灯させ、結局、野村監督時代の１９９２年、１９９３年以来のリーグ連覇となった。成績は80勝59敗４分けで、２位の横浜に８ゲーム差をつけてのぶっちぎりの優勝だった。

日本シリーズは昨年と同じオリックスが相手。ここで勝てばヤクルト史上初の２年連続の日本一だったが、２勝１引き分けと第３戦終了時点まで優位に進めていたが、その後４連敗し、偉業達成はならなかった。

日本シリーズの評価というのはなかなか難しい。短期決戦なので、何かのきっかけで勝敗の流れは変わってしまう。マクガフが抑えのところで機能しなかったというのもあるが、いつも結果が出せるわけではない。やっぱりそこに野球の難しさがある。時の運という側面もある。

もちろん勝つために最善の努力はしたと思う。だけど、最初の連勝で少し緩んだ部分もあったのかもしれない。実際にやっている選手たちはそんなことない！　と言うだろうが、前年も優勝しているし、少し隙があったのかもしれない。

というのも、相手は昨年と同じオリックス。昨年の日本シリーズ第6戦、寒風吹きすさぶ中、夜中の11時過ぎまでの苦闘に敗れ、ヤクルトの胴上げを目の当たりにした悔しさというのは並々ならぬものがあっただろう。2年連続で負けるわけにはいかない――この日本シリーズに懸ける勝利への思いはオリックスのほうが上回っていたかもしれない。もちろん気持ちだけでは勝てないが、気持ちの部分がプラスに作用したようにも感じた。

この年、新戦力として台頭してきたのは、3年目のショート長岡と打撃センスの光るキャッチャーの内山壮真《うちやまそうま》だった。ドラフト1位の左腕・山下輝《やましたひかる》もシーズン終盤に登場し、日本シリーズでも好投した。

しかし、優勝の一番の原動力は新戦力というよりも、村上の大爆発だった。村上が5打席連続ホームラン、史上最年少三冠王、王さんの記録を抜く日本選手シーズン最多新記録の56号本塁打という日本新記録をいくつも打ち立てた。

言い方はオーバーだが、あいつ1人で優勝したような、そんなシーズンだった。

リーグ3連覇を目指した2023年

日本一こそ逃したがリーグ連覇を成し遂げた2022年。黄金期到来を予感させた2023

年シーズンは球団初となるリーグ３連覇という大きな目標を掲げて臨んだ。

球団新記録となる開幕５連勝と上々のスタートとなったが、ゴールデンウィーク前に７連敗、５月に12連敗を喫し５月終了時点で最下位。結局シーズンは最下位の中日とゲーム差なしの５位。屈辱のシーズンとなってしまった。

リーグ２連覇を果たしていたチームになにがあったのか。

投手陣でいえば、大いに期待していた高橋奎二はＷＢＣから戻ってきたあと不調に苦しみ投手陣の柱とはなれず、奥川も１軍登板のないままシーズンを終えた。山下もケガで投げられなかった。原樹理も途中から復活してくるだろうと思っていたが戻ってこず、金久保《かなくぼ》優斗《ゆうと》も振るわなかった。

先発は相変わらず小川に頼らざるをえない状況だった。２０２２年ドラフト１位の吉村貢司郎《よしむらこうじろう》も４勝を上げたが、シーズンの途中で３カ月あまり離脱。社会人出身で即戦力の彼もまだ本当のローテーションピッチャーではなかった。

２０１５年優勝の後もそうだったが（バーネット退団）、抑えがいなくなったというのもある。今回はマクガフが抜けた。後任の田口はリーグ２位の33セーブをマークしたが、今まで田口が担っていた火消し役をできる人がいなかった。

この年、ケラ、ピーターズ、エスピナル、ロドリゲスの新外国人投手４人を獲得。ロドリゲスはこれからの選手で、ピーターズは先発としてそこそこの活躍をしたが、ＭＬＢで実績がありリリーフエースとして一番期待していたケラはさっぱり。結局活躍どころか一度も１軍に上がることはなかった。

もっといえば、2軍の試合にすら15試合しか登板せず、0勝2敗3セーブ、防7・71。野手がちょっとでもエラーしたり、自身が打たれたりしたら、それでプツンと集中力が切れ、ふてくされてしまうありさま。

やはり日本で好成績をあげている、サイスニードやサンタナ、オスナは性格の部分が結構しっかりしている。彼らは一生懸命やるだけじゃなくて、チームという集団のことも大事に思ってやってくれている。比較的うちの外国人はナイスガイが多い。ケラとエスピナル、ピーターズも1年で退団となった。

投手陣のみならず、野手陣も低迷。WBCから帰ってきた村上と山田（打率・231、本塁打14本、打点40）の不調、切り込み隊長の塩見泰隆のケガでの欠場は痛かった。結局、投打ともに戦力が最後まで整わなかった。

村上は、大谷翔平《おおたにしょうへい》のバッティングを目の当たりにして衝撃を受けてしまっていた。飛ばす力に関して、自分がナンバーワンだと思っていたのが、大谷がさらに上をいっていたのだという。それで、もっと飛ばしたいという思いからウエイトを強化しだして、その力みからスイングがおかしくなったようだ。

ただ、不調といっても、ホームラン31本（リーグ2位）で打点は84（リーグ4位）。三冠王を獲った2022年の成績からすると、三振も多いし物足りないが、しっかり結果は残している。

連敗中、高津監督と話すこともあったが、彼がその苦しさを吐露することはなかった。そんな高津監督をはじめチームを救いたいのはやまやまだが、シーズンが始まってしまってからなにができるかというと、現実的にはトレードくらいしかない。そのトレードだって、相手の事情もあり、実際にはなかなか成立しない。

この年、7月に西浦とＤｅＮＡの阪口皓亮《さかぐちこうすけ》とのトレードがあったが、これは先方から来た話で、西浦は望まれて行った。巨人から古巣のＤｅＮＡに移った前出の石井琢朗コーチが西浦にかなり期待していたようだ。

阪口に関しては、かなり速い球を投げるピッチャーで、あまりヤクルトにいないタイプの投手。高校の時から能力に対する評価は高く、ただ7年いて、もう1つ出てこないというところには何かしらの原因があったのだろう。環境が変わって、飛躍する可能性は非常にあると期待している。

本当の強さを求める飽くなき戦い

連覇を果たした２０２１年、２０２２年は、主力に大きな故障者がいなかった。しかし、戦力の底上げがなかなかできず、ケガ人などが出るとすぐに順位を大きく落としてしまう。長年ヤクルトが抱える問題を２０２３年も露呈してしまった。

ゼネラルマネージャーとしては、チーム戦力、特に新戦力の充実を図ることができなかったという反省がある。いい駒を用意して現場に送り届けるのが編成の仕事だが、結局うまくそろえられなかった。

小川を追い越す若手投手が育たないのはスカウティングなのか、育成なのか、あるいはコンディショニングなのか。それぞれの部署に言い分があり、現場からすれば、「もっといいのを取ってこいよ」となり、スカウトからすれば、「ちゃんと育てろよ」となる。そのあたりをうまく調整するのがゼネラルマネージャーである私の仕事だと思っている。

各部署から上がってくる報告を私のところで集約し、精査する。取ってきた選手を全員、1軍の戦力に仕立てられるかといったら現実的にそれは無理だろうが、選手はみんな可能性を持っているのも事実。最初から戦力になる人もいれば、良さというのが途中から出てくる人もいる。そのあたりの見極めは非常に難しいが、それが私に課せられたテーマだ。

２０２１年、２０２２年と日本シリーズで戦ったオリックスは、ヤクルトと同じように2年連続最下位から頂点に立ち、リーグ3連覇を達成。黄金期を迎えようとしていた。ヤクルトも同じ成長曲線を描きたかったが、２０２３年で足踏みしてしまった。

オリックスとの差はなんといっても投手力。次から次に好投手が出てくる。攻撃陣は、うちのほうが上だろうと思うが、２０２３年に関しては打力も機能しなかった。何度もいうように単発的には優勝するけども、継続的な本当の強さがまだないという現実を改めて思い知った。

優先すべきは投手か野手か

不調のチームが、浮上のきっかけをつかもうとするとき、投手と野手、どちらの整備を先にするべきか。ヤクルトの場合、投手力アップから手を付けて、なかなかうまくいかず、逆に村上を筆頭にバッターが先に出てきて、そうしたら投手のほうも引き上げられた側面がある。

そうすると、本拠地・神宮球場がヒッターズパークということもあり、やっぱりヤクルトは打ち勝ってなんぼのチームなのかともファンの方は思われるかもしれない。しかし、優勝した年というのはじつは投手陣がよかったのだ。その他の年は全然だめだけど、優勝した年にかぎると、やっぱり投手がいい。

それを考えると、打ち勝つ戦略ではなかなか勝ち切れないだろう。GMとしては柱となる投手がなんとしても欲しい。いつまでも小川頼みじゃだめ。小川ももちろん頑張っているけど、彼を追いやるぐらいの投手が出てこないと黄金期の到来は難しいだろう。

毎年うちはケガ人、ケガ人といわれ続けている。ソフトバンクや巨人のように3軍も4軍も作れるチームは、ケガ人が続出しても戦力の層が厚いため、下から思わぬ選手が出てきたり、外国人を10人ぐらい雇ったりして、悪いシーズンでもだいたい3位か4位ぐらいには収まる。調子のいい年は優勝。

しかし、ヤクルトを含め、そこまで戦力に厚みのないチームは主力にケガ人が出ると一気に最下位まで落ちてしまう。育成選手をもっと増やせばという声もあるが、ファームの試合に出せる育成選手は5人まで。ヤクルトは3軍はもてないし、一人ひとりに十分な育成の機会を与えたいという方針もあるだけに現実的ではない。

ドラフト戦略の失敗も指摘されるが、これも言い訳をするつもりはない。一体どの選手が活躍するのか——選手の見極めは本当に難しく、どの球団もスカウトに携わる人間としては永遠の課題だろう。ただ、どの選手も将来を期待されて球団が獲得しているのは間違いない。

入団後、選手が伸びるかどうかはさまざまな要素が関係している。2016年のドラフト会議で、オリックスは山本由伸《やまもとよしのぶ》を4位で獲得した。この年、ヤクルトはドラフト3位で梅野《うめの》雄吾《ゆうご》を指名している。2人とも九州地区の好投手で九州四天王と呼ばれていた。今や山本は沢村賞を3度も獲得し、メジャーで活躍する日本を代表する投手。私も高校時代の山本を1回見に行っているが、当時、梅野と差があるとは思えなかった。

当のオリックスだって、4位という下位指名だったことを考えると、今の活躍はすべての球団が正確には見抜けなかったということ。入団後に出会う人、チームの環境、タイミングは選手の成長に多くの影響を与えている要素だと思う。

育成部門の創設

どうすれば戦力の底上げができるか。ヤクルトは1つの試みとして、2021年から育成専門の部門を立ち上げ、土橋勝征《どばしかつゆき》と山本哲哉《やまもとてつや》をコーチとして据え、責任者として武内晋一《たけうちしんいち》を配置している。今までも育成には当然力を入れていたけど、新たにそういう部門をもうけることでより意識的にしていこう、より徹底的に鍛えようという狙いだった。

そこで成長したのが、長岡秀樹・武岡龍世《たけおかりゅうせい》だった。前からも強化指定選手として定めた選手たちにいろいろ数値目標を立てたりはしていた。高校から入った選手はこう、大学から入った選手はこう、とかいうふうに。

たとえば、この選手には年間何打席を与えようとか何イニングこの選手には登板させようとかそういう具体的な数字をベースにもした。あえて試合に出さず、ある部分を鍛えるべく猛特訓をずっとやるとか、逆にどんどん試合で使うとかもあった。とにかく高卒選手を中心に新人育成に関して、これまで以上に手厚い指導のフォローをしていこうという方針をとった。

部門の立ち上げは２０２１年だが、実際には２０２０年からこの試みはスタートしていた。その育成機関が立ち上がってからは、必ず育成会議を定期的に行い、各種データを参考材料として用いながら選手の性格といった現場からの声も交え、武内を中心にコーチ陣と意見交換している。

はじめてみてわかったことだが、最近入ってくる選手はコロナの影響もあり、学生時代の練習量がコロナ以前の選手に比べて圧倒的に少ない。だから、一気に練習の強度を上げるとケガをしてしまう。そのあたりの事情もあり、計画どおり進まないこともあるが、今現状はこんなスタイルで育成を進めている。

2023年は京都外大西高校出身の西村瑠伊斗《にしむらるいと》がドラフト2位で入団した。彼には1回もやったことのないというサードに挑戦させている。最初の頃は肩の不安があったり、いろいろと弱い面もあって予定どおりにはいかなかったが、やっているうちに肩の不安も少しずつなくなり、見栄えの悪かった守備の格好にしても、形になってきた。

高卒選手は1年目、だいたいシーズンの途中で1回リタイアするのだけど、意外と強かった。こういうのもやらないとわからないわけだから、最初から決めつけるのはよくないと改めて思った。

編成として苦しいのは、やはりケガ人。抱える選手の人数というのは悩ましい問題で、こちらの想定を超える数のケガ人が出たときは本当に困ってしまう。特にプレー中のケガというのは防ぎようがない。では、多くの育成選手を抱えたらという話になるが、これも前述したようにとりえない手段。しかし、ケガ人対策も編成の役割だけに大きな課題と感じている。

2023年ドラフト会議回顧

2024年の新シーズンに向けてのGMとしての最初の仕事はドラフト会議だった。なんとかして、戦力を厚くしたい。そう思っていた。特に高津監督は新戦力を積極的に活用する度胸のある人だけに、ドラフトでいかに魅力的な選手を取れるかは、2024年シーズンを占う意味でも大事だった。

実際に指名した選手は以下のとおり。
1位・西舘昂汰《にしだてこうた》投手（専修大学）、2位・松本健吾《まつもとけんご》投手（トヨタ自動車）、3位・石原勇輝《いしはらゆうき》投手（明治大学）、4位・鈴木叶《すずききょう》捕手（常葉大学附属菊川高校）、5位・伊藤琉偉《いとうりゅうい》内野手（新潟アルビレックス・ベースボール・クラブ）、育成ドラフト1位・髙橋翔聖《たかはししょうせい》投手（台湾・鶯歌工商高校、登録名は翔聖）、育成ドラフト2位・髙野《たかの》颯太《そうた》内野手（三刀屋高校）の計7名。

ヤクルトの一番の課題は投手なだけに、投手中心の指名となった。最初に1位指名した国学院大学の左腕、武内夏暉《たけうちなつき》（西武）は残念ながらくじで外れてしまったけれど、一応先発と中継ぎの投手を一通り取れたというのはよかった。上位3人は即戦力をイメージした指名。本当は石原以外にもう1枚、左投手の指名を考えてはいたけれど、他の球団との兼ね合いもあってうまくいかなかった。

武内を外して、それでも先発ピッチャーに関しては左が欲しかったが、そこは左にこだわらず、評価の高い順にいった。西舘もスカウトの中で非常に評価が高かった。体が大きくて伸びしろがあった。そして、スタミナと馬力、故障しない頑丈な体というのが一番大きなポイントだった。完成形のイメージとしては、西舘と同じ専修大学出身で広島で活躍した黒田《くろだ》博樹《ひろき》投手だった。

2位のトヨタ自動車の松本は、都市対抗でいいピッチングをしていた。もともと亜細亜大学出身で、亜細亜を出た選手というのは精神的にも肉体的にもタフな選手が多い。日本一練習が厳しい大学ともいわれている。

プロに入って何が一番難しいかといえば、1年間プレーするという点。せっかくいいボールを放っていても、ケガをしたりスタミナがなかったりすると、なかなか自分の投球というかパフォーマンスを発揮できない。そういう意味ではまず大前提になるフィジカルの強さが一番大事だった。

結果はまた別にしても、投げることができていれば練習もできるし、当然戦力としても考えられるわけで、ケガで投げられなければどうしようもできない。この体の強さというのは、今回の上位3人の投手に共通しているところであった――。

と、そういう狙いを持って臨んだ2023年ドラフトであったが、ご承知のとおり、2024年シーズンの途中で、西舘はヒジを故障してトミー・ジョン手術を受けることになった。西舘だけでなく、阪神のドラフト1位投手・下村海翔《しもむらかいと》（青山学院大学）、中日のドラフト1位投手・草加勝《そうかしょう》（亜細亜大学）も1年目にしてトミー・ジョン手術となった。

西舘がドラフトで指名したあとの東都のリーグ戦でヒジの違和感を覚えたという話は聞いた。2021年のドラフト1位・山下（法政大学）もドラフト指名後のケガだった。これはどうしようもない。現状の日程だと起こりうること。

今は日本シリーズとの日程の関係などがあって、ドラフト会議はどうしても大学野球のシーズン途中である10月の後半になってしまう。昔は11月後半の開催だった。しかしある意味、そこでケガをしてしまうというのは、プロに入って来ても早々にケガをする可能性があったということだとも思う。新人の見極めというのはなんとも難しい。

ドラフト5位の伊藤は、ヤクルトOBで新潟の橋上秀樹《はしがみひでき》監督（今年から巨人の作戦戦略コーチ）が、少なくとも自分が見てきたBCリーグの中で一番守備がうまいとコメントしていた選手。バッティングはまだまだ非力だけれど、たしかに守備の力はそれなりにあって、足も速かった。

この年のドラフトで少し話題になったのが育成1位の翔聖。台湾の高校生で隠し玉的存在だったように思われるかもしれないが、彼の存在を知っている球団は知っていた。DeNAもチェックしていて、2巡目に残っていればそこで指名しようと思ったらしい。

翔聖はお母さんが日本人で、日本と台湾という2つの国籍を持っている。メジャーからの話もあったようだが、いきなりメジャーに行ってというよりも日本で育成という形で何年間かやったほうがということで話が進んだ。

彼にしてみれば育成ではなく支配下選手での指名のほうがいいに決まっているが、2024年6月の卒業ということで、そこまでは来日できない。そして海外と日本の契約に関するさまざまな制度上の事情もあり、支配下選手での指名にはなかなか難しさがあり、国際担当の奥村のほうで交渉してもらって、育成での指名となった。

翔聖に関しては、スカウトがずっとマークしていたわけではなく、スカウトグループデスクの樫渕聡《かしぶちさとし》が最後に見に行っているだけ。翔聖に関する情報が、台湾から樫淵に入ったのはたまたまだった。

誰を1位で指名するか

もう少し2023年のドラフト会議を振り返る。ヤクルトが1位候補として評価していたのは、青山学院大学の常廣羽也斗《つねひろはやと》（広島）、国学院大学の武内夏暉、中央大学の西舘勇陽《にしだてゆうひ》（巨人）だった。この3人のうち誰にいくかというのが、まず迷いどころであり、誰を指名しても競合は必至。そんななか、秋のリーグ戦での武内の投球がかなりよくなっていた。

常廣はかなり早くに広島が公表していたけれど、もし武内があそこまで成長していなかったら、常廣というのは十分にありえた。どのみち競合するんだったら、大きく伸びてきた左腕の武内に突撃しよう、そんな判断があった。他球団が誰を指名するかは最後までわからない。だったら左投げということもあるし、自分のところの評価の高い選手でいこうと。

1位指名を誰にするかという判断だが、ヤクルトにおいては基本的には、さまざまなデータを基にしたスカウト部内での推しがあり、スカウト部と私の中で話し合われた結論を監督や会長、社長に話し、最終決定となる。

年によっては、監督とスカウトで評価が違ってくるというのは当然ある。ただやっぱりスカウトは候補選手の良いも悪いも見てきており、結果、活躍できる・できないはさておき、現時点のスカウト評価というのを、球団トップも監督もありがたいことに信用してくれている。もちろんシーズン中から、監督からの補強ポイントの要望はあり、そういう選手を重点的にスカウトもチェックしている。

しかし、ドラフトというのはいろんな駆け引きや予期せぬこともあり、毎年なかなか狙いどおりにはいかない。繰り返すが、本当はもう1人、中継ぎの左ピッチャーが欲しかった。

密かに狙っていたのは、巨人に2位で指名されたホンダ鈴鹿の森田《もりた》駿哉《しゅんや》。都市対抗でトヨタの補強選手として出場していて、非常にいいピッチングをしていた。年齢的に20代後半だが、成長しているのだ。年齢のこともあるし、大丈夫だろうと当てにしていた部分もあったが、まさか2位とは。「ああ、いかれちゃった」というね。

タフなピッチャー

今ヤクルトでタフさが武器なのは小川をのぞけば、木澤《きざわ》尚文《なおふみ》ぐらい。彼は本当に痛い、かゆいを言わない。慶應大学卒のエリートだが、投げる労働者というか、黙々と仕事を遂行する。彼の存在は使う側にとって本当にありがたい。もちろんストライクが入らない時もあれば、打たれる時もあるが、どの場面でも嫌がらずにいってくれる。

たとえば小川も1年間ローテーションを守るということを何年も続けているけれど、これはすごく大きなこと。仮に10勝10敗だとして、全然貯金を作れていないじゃないかといわれるかもしれないけれど、1年間ローテーションの中心で回る投手というのはなかなかいない。

実際に今、シーズンの規定投球回数に達するという人はセ・パ両リーグとも少ない。先発投手のローテーションは、８人で回せば一番楽にというか、うまく回転させていくことができる。各投手、少し余力を残しながらね。しかし、うちのピッチャーは余力を残しても余力を残しっぱなしで、力を余らせてシーズンを終えてしまう。しかも結果も悪い。

ライアン小川の凄さ

過去10年くらいで、ヤクルトの投手は小川がルーキーの年、26試合に先発して16勝をあげているけれど、小川の後に1年目に10試合以上先発したピッチャーは誰がいるかというと、原樹理が13試合先発で投げ、星知弥《ほしともや》が18試合、２０２３年に戦力外になった吉田大喜《よしだだいき》が14試合、吉村貢司郎が11試合と４人しかいなかった。１年目からそれだけ投げられるというのは大変なことなのだ。

ちなみに小川は２０２３年9月に通算１００勝をあげた。ヤクルトの投手で１００勝以上は金田正一《かねだまさいち》３５３勝、松岡弘《まつおかひろむ》１９１勝、石川雅規１８６勝、村田元一《むらたげんいち》１１８勝、尾花高夫《おばなたかお》１１２勝に次いで６人目。通算２５０試合目で到達は、１９５４年金田の２５０試合に並ぶ球団最速記録だ。

勝ちというのは打線との兼ね合いがあるので、抑えていたから勝ちが付いてくるかということでもない。そこが非常に難しい。それにしても、１年目からローテーションを守り、１００勝を積み上げるというのはすごいこと。

球団のバックアップ

現在ヤクルト球団の会長である衣笠剛さんは、ちょうど私が初めて監督になった2011年の6月に社長に就任された。衣笠会長がトップになられてから、ヤクルト球団はいろんな面で進化している。衣笠会長はスワローズに対する愛情が強く、育成に力を入れるというのも、言葉だけじゃなくて、実際に実行していただいた。

ファームの施設は本当に充実してきたし、選手育成に関しても育成専門の部門を作り、そこにおけるコーチもちゃんと据えていただいた。さまざまな環境整備をしていただいた。その成功例の第1号がショートの長岡だと思う。

高卒の長岡や同期の武岡が入ってきた時に新型コロナウイルスの影響で6月ぐらいまで試合がなく、あの2人は土橋コーチと付きっきりで、もう徹底して体力づくりと基礎練習に励んでいた。もうずっとキャンプをやっているようなものだった。あの期間は2人にとって非常に大きかったと思う。

衣笠会長の功績は営業面においても大きかった。さまざまな工夫をこらし、観客動員も大きく伸びた。あれだけたくさんのお客さんの前でプレーできるのは選手たちのモチベーションにもつながる。

昔は水増しだったから240万人という適当な数字があったけれど、2024年は実数で約

200万人。2019年だって、最下位なのに観客動員は結構多かった。弱いほうがお客さんは増えるのかな、なんて勘違いしてしまいそうなほどの数だった。

2023年、2024年と本当に多くの方が球場に足を運んでくれた。WBCの効果もあっただろう。ヤクルトは村上、山田、高橋、中村と4人もの選手を日本代表に送り込んでいた。今まで来なかったようなお客さんにも観戦いただいたのではないだろうか。

これは村上、山田をはじめとする日本を代表するスター選手の存在が牽引していた気がする。だから、編成面でもスター選手を取って来なきゃだめと思っている。プロ野球も興行だから、スター選手というのはすごく大事な存在。プロ野球球団は成績もそうだが、やっぱり選手自体が輝いていないといけない。

覇権奪回ならずの2024年

昨年2024年は一言でいうと、残念なシーズンだった。「ヤり返せ!」のスローガンの下、覇権奪回を目指してスタートしたものの、2023年に続き、またしても最下位・中日とゲーム差なしの5位。言い訳にならないが、この年もケガ人が多かった。ケガ人が出たときにそのフォローができる人も少なかった。例年、ケガ人が多い年は下位に沈むことが多いが、昨年は特に投手の主力級の選手に多く、過去最悪といってもいい状態だった。

野手でいえばまず大きかったのが、山田のケガ。ここ数年、ケガに苦しんでいるだけに本人も意識してオフから肉体強化をして臨んでいた。中日との開幕戦、セカンドからサードにタッチアップで走る姿にいいときの山田を感じていたまさにそのプレーでケガをした。まさかのシーズン初戦での離脱。大きな誤算だった。

裏をかえせばそこまでの準備が足りなかったのか。その時の状態以上のパフォーマンスがでてしまったのか。アドレナリンが出るのは想定内でなければならないが、あのケガが今シーズンの山田にとってすべてだった。

切り込み隊長、塩見の戦線離脱も痛手だった。シーズン開幕当初から腰に不調を抱えながらの出場だったが、５月11日の巨人戦で左膝前十字靭帯損傷と左膝半月板損傷の大ケガ。この試合で彼のシーズンは終わった。

投手陣に目を移すと、守護神・田口の不調が痛かった。ふくらはぎをケガして２０２３年ほどの活躍ができなかった。やはり厳しくいえば、ケガをしてしまうということはそこまでの準備が足りなかったということでもある。

不動のセットアッパー・清水昇《しみずのぼる》は今までの登板過多のその反動が出たのは間違いないだろう。4年連続で50試合以上に登板し、日本新記録であるシーズン50ホールドを含む4年連続で28ホールド以上を記録するタフネス右腕の不調も痛かった。覇権奪回にかかせないキーマンであり、清水をどうやって復活させていくかは大きな課題になっている。

ドラフト1位の西舘は即戦力投手として期待したが、ヒジの故障で一度も1軍で投げることはなかった。西舘は体の丈夫さを買っての指名でもあっただけに非常に残念だった。１年間戦力になるというのは新人ではなかなか難しいことではあるが、部分的ではあっても新しい戦力として期待していたし、現場もそういう思いはあったはず。

西舘と同じ2023年ドラフト組の松本（2位）は初登板で無四球完封という鮮烈なデビューを飾ったけれど、以降は尻すぼみ。続けて活躍することの難しさを感じた1年だったのではないだろうか。初戦以外はなんでダメだったのかをしっかり今季に生かさないといけない。それがプロだと思う。まだまだ足りなかった。

エース小川も上半身のコンディション不良で開幕から出遅れ、結局シーズン成績は12試合に登板し、2勝5敗、防御率4・65。すべての数字がキャリアワーストだった。

結局投手でいえば、ローテーション、セットアッパー、抑え、みんな総崩れ。ローテーション入りしていた小澤怜史《こざわれいじ》をうしろに回さざるを得なかった。彼の場合は先発でいいピッチングしてもなかなか勝ち星がつかず、クローザーになって好投して年俸も上がったため、ある意味よかったのかもしれないけれど。

外国人選手に関していえば、野手はサンタナ&オスナともに成績を残し、とくにサンタナは打率・315でセ・リーグ2位と活躍。2人とは新たに3年契約を結んだ。

一方、投手陣は在籍した4人すべてがシーズン後、退団することになった。サイスニードは日本にいたくてしょうがない人。奥さんも日本で出産してね。エスパーダも人間性がよかったけれど、2人は力的に足りなかった。

ヤフーレはシーズン序盤、好投していた。中盤以降勝てなくなってもいいピッチングをすることが多く、日本野球に慣れてもっと勝ち星がついてくると思った。しかし現場からすると物足りない部分があったようだ。外から見ている部分と現場で中から見ている部分とでは違うのでね。その意見は尊重しなければならない。フロントとしてはやむをえない。

ロドリゲスはもともと将来性に期待しての獲得だった。しかし、現場はより即戦力を求めていた。終盤は好投したけれど、現場の満足度とかい離があった。彼の退団は金銭の問題ではない。メジャーからの誘いもあるようだった（その後ブルワーズへ移籍）。彼は元来メジャー志向。うちの条件に不満がなかったとしてもメジャーからオファーがあれば行っていたと思う。まだ若いし、それはメジャーのほうがいいに決まってる。

とにかく昨年もケガ人が多く、戦力も足りず現場の髙津監督からすれば、これじゃ戦えないという感じだったと思う。編成としての責任でもある。代替の戦力を用意することができなかった。

２０２４年ドラフト振り返り

２０２５年を戦う上で１つのキーとなるドラフト会議。今回はドラフト１位で、侍ジャパンにも選出された愛知工業大学のパワー系右腕・中村優斗《なかむらゆうと》を獲得できた。これは大きい。正直競合するかと思っていただけに、一本釣りはしてやったりだった。

ピッチャーでいえば今回の目玉は中村と関西大学のサウスポー金丸夢斗《かねまるゆめと》（中日）の２人だっ

た。右か左か。2人とも即戦力として十分考えられる投手だった。要はどちらにいくかだけの問題だった。うちは普通に考えたら左だが、金丸が腰を痛めていたというのがポイントだった。さらに間違いなく金丸のほうが競合チームが多いとわかっていた。

しかし、まさか中村を一本釣りできるとは思っていなかった。「良いバッティングしてるんで……」との髙津監督発言。あれは私との協力プレーじゃない。髙津監督の独断でそういうコメントを出した。とにかく公表はしないということは共有していて、「絶対に漏らすのはやめよう」とみんなで言っていた。

一瞬、ともにショートの宗山塁《むねやまるい》（明治大学→楽天）か石塚裕惺《いしづかゆうせい》（花咲徳栄高校→巨人）かと思わせる発言だったかもしれないが、髙津監督は、2025年絶対優勝を義務付けられている。ショートでいえば長岡も大きく成長していたから、1位指名は投手以外にはありえなかった。

ちなみに、もし1位で中村をとれていなかったら、阪神にドラフト1位指名された左腕、伊原《いはら》陵人《たかと》（NTT西日本）にいっていた。スカウト陣の伊原への評価は高かった。

ドラフト2位のモイセエフ・ニキータ（豊川高校）はスカウト陣からの強い要望だった。本来なら左投手だったと思うが。スカウトから1位で中村をとれたら2位で高校生にいっていいかという打診があった。来年優勝しなければならない、けれど中長期を見据えなければならないという難しさがあった。会社の立場でも現場の立場でも考えなければならなかった。

高校生外野手がほとんど指名されていないなか、2位でいったのはヤクルトスカウト陣の評価がそれだけ高かったということ。私よりもスカウトのほうがたくさん選手たちを見ている。

私が見たのは春のセンバツ甲子園でホームランを打った試合だけ。現場のスカウトの声を信頼してね。そうやって責任感をもってスカウトにはやってもらっている。
1、2位を投手でいきたいところを、高津監督もぐっと我慢したんだと思う。1位で中村をとれていなかったらまた違う展開になっていた。
ドラフト3位の荘司宏太《しょうじこうた》（セガサミー）は、体は大きくないけれど、チェンジアップがよくて三振がとれる社会人左腕。チェンジアップと対になるストレートがどれだけプロで通用するかだろう。期待しているし、どうしても左投手を指名したかった。

4位は左打ちのショート・田中陽翔《たなかはると》（健大高崎高校）。高校生だから評価したのはもう将来性。ある程度、体がしっかりしていてショートを守れるというね。そんなにすぐに出てくるとは思っていない。しっかりファームで鍛えて力をつけていってほしい。

ちなみにスワローズジュニア出身の獲得は初めてのこと。これはたまたま。田中は中学生時代に東練馬シニアで宮本慎也から指導を受けていた選手で、宮本はどこかが指名してくれればと言っていたそうだが、そういうのは関係ない。

5位はキャッチャーの矢野泰二郎《やのたいじろう》（四国IL／愛媛マンダリンパイレーツ）。速い二塁送球と勝負強さが魅力だった。

今回は育成選手も多く指名した。異色の経歴の選手を獲得しただけにスポーツ紙やSNSでも話題になった。その選手とは根岸辰昇《ねぎしたつのり》（ノースカロライナA&T州立大）。慶応高校3年時に甲子園に出場、アメリカの大学に進学し、活躍したという変わり種の選手。ポジションはフアーストで左打ち。逆方向に大きいのを打てる体の強さに魅力を感じたのだが、正直、ビデオでしかみておらず、獲得はスカウトの推しがあったからだ。

根岸はアメリカの大学に所属する選手で、ドラフト対象の選手になるか、NPBに問い合わせなければならないのだが、根岸のことで問い合わせた球団がほかにもあったらしく、重複する可能性を考慮し1位で獲得した。

ほかにも個性的な選手が入団した。育成3位のアンダースローの下川隼佑《しもかわしゅんすけ》（オイシックス新潟アルビレックスBC）はイースタン・リーグで投げているところを何度も見ている。彼は希少価値が高くて面白い存在。イースタン・リーグの奪三振王で、高めの球でよく三振を奪っていた。たとえば独立リーグの投手はシーズンの試合数が少ないので、MAXが158キロといっても続けてどれだけ投げられるのかというのは入ってみないとわからないことが多い。

実際、独立リーグから入ってきたスピード自慢の投手がプロで球速が落ちてしまうという例はけっこうある。1年間やれるかどうかというのはじつはとても大きく、そこへいくと、下川は速球派ではないが、ファームで1年間100試合以上実際にやっていて、その中での奪三振王という結果なので、ある程度やるのではと思っている。

それにしても、ドラフトというのは不思議で面白い。評価が高いから必ずしも順位が上かといったらそうとは限らない。スカウトはその選手に何球団から調査書が届いたかを調べてからドラフトに臨むので、評価の高い選手であっても自分のところしか出してなければ下位、重複する可能性がある選手はなるべく上位で指名するという駆け引きがある。

駆け引きといえば思い出すのが、昨シーズン、ショートを守りながらセ・リーグ最多の163安打を記録した長岡。ドラフト時、彼には日本ハムも調査票を出していたらしい。そこで、ヤクルトはいかないと見せかけておいて、日本ハムが指名順位を遅らせていたところ、パッと指名した。これも駆け引きが上手くいった例だ。

今回驚きだったのが、健大高崎のキャッチャー、箱山遥人《はこやまはると》の指名漏れ。1位でいく球団があるかもしれないというほどの評判のたつ選手だったから、なぜ指名漏れしたかはわからない。順位しばりはなかったみたいだ。

今回はバランスのとれた90点をあげられるドラフトだったと思う。

個人的には今回、西武にドラフト2位指名された大商大の強打の外野手、渡部聖弥《わたなべせいや》も欲しかった。走攻守そろったいい選手だが、残念ながら縁がなかった。

2025年に期待するプレーヤー

きたるべき2025年シーズンに向けて、野手でいえば、やはり期待したいのはヤクルトの顔であり、キャプテンである山田の復調だろう。昨年の秋季練習の時、少し本人と話をした。昨年も準備して臨んだけれどまだ足りなかったと話していた。甘えがあったと言われても仕方がない。

ただ、契約更改の時の表情はずいぶん明るかった。おそらくいいトレーニングができているのではないだろうか。もともと感情や思いを表情に出すタイプではない。持ってるポテンシャルは高いのでそれを年齢に応じてどうパフォーマンスとして出すのか。それがこれからの課題になると思う。

過去にトリプルスリーを3度やっているというのが非常に大きくて、足・スピード・盗塁というところは周りの期待もあって、大きな負担になっているかもしれない。本人にとっても、理想と現実との狭間で非常に苦しいところだと思う。あれくらいの選手になると個人的な目標ではなくチームとしてどうかというところで変化が出てきている。キャプテンだが、もともとでしゃばるタイプではない。

昨年の秋季練習で30分ほど話したのはそんな話だった。小さい頃から今日までの自分について話してくれた。自分でも前に出ていかなきゃいけないというのはわかりつつも、あまり目立ちたくない部分があると。キャプテンを仰せつかって引っ張っていかなきゃいけないんだけど、言葉や行動ではなくて、自分のプレーで示すタイプだと言っていた。青木の存在の大きさを、身をもって感じているようだった。山田は昨年みたいなことはないと思う。

もう一人のキーマンは村上だろう。村上は2023年のWBCでチームメイトだった大谷の影響を受けて悪循環に陥ってしまったと言っていたが、昨年も修正しきれなかった。それでも本塁打王、打点王の2冠に輝くのはさすがが。

ただ打率、特に三振の部分に関して原因はこうだったという分析はあるようだ。村上は今オフポスティングでのメジャー挑戦を表明している。責任感の強い男だけに今シーズンに懸ける思いは並々ならぬものがあるだろう。彼にはやってもらわないと困る。

キャッチャーの中村も昨年はケガに苦しみ、96試合の出場にとどまったが、今年はもっと試合には出られるはずだ。

塩見もおおかた試合には出られる。昨年手術するほどの大ケガをしたが、順調に回復しつつあり、開幕には間に合うのではないだろうか。彼は力をセーブすることができない選手なだけに、常にケガがついてまわる野球人生だが、彼の戦列復帰は大きな戦力となる。

サンタナ、オスナの両外国人野手も計算できる。内野レギュラー陣のバックアップで入るのが楽天からFA加入した実績のある茂木栄五郎。

投手では、なんといってもドラフト1位入団の中村が非常に期待の持てるピッチャーで、どこで起用されるかわからないが、コンディションさえ整えばきっと活躍してくれるだろう。

吉村は昨年の活躍で1本立ちできたと思っている。高橋も昨シーズン後半の安定感をみれば今季はコンスタントに活躍できるのではないだろうか。

奥川も体の不安がなくなり手応えをつかんでいるようだ。秋季キャンプですごくピッチングの感触が良かったと言っている。「2025年はローテーションをはれるようにする」と言っていたし、奥川が完全復活となれば大きな戦力になる。小川も過度な期待はできないがそれなりやってくれるはず。ある程度ローテーションを回せると思う。

山野《やまの》太一《たいち》も期待のサウスポー。山野は評価に値するボールを投げていると思う。ストレートの質が良く、変化球のキレもいい。あとはチェンジアップの安定感だろう。彼は持っているボールからすれば、ある程度活躍が期待できるピッチャー。ただ突然ストライクが入らなくなったり、そういう印象を持たれているというのがね。首脳陣からの期待度は高い。

巨人の岡本和真《おかもとかずま》からも「なんでこんなに勝ててないの。球の力強さとかすごいあるから、勝ってないのが不思議」と言われているらしい。

丸山翔大《まるやましょうた》は昨シーズン頑張った。昨年目いっぱいやったので、反動が少し心配だが、昨年の経験がいいほうに出ればと思っている。彼は投げるたびによくなっていった。自信は摑んだと思う。

4人すべてが退団した外国人投手では、新たにピーター・ランバート（前ロッキーズ）、マイク・バウマン（前マーリンズ）、ペドロ・アビラ（前ガーディアンズ）を獲得した。

ランバートは平均152キロの速球とチェンジアップが武器の先発候補。バウマンは抑え候補で、最速159キロを誇る速球派だ。アビラは最速156キロの速球に加え、多彩な変化球を操り、高い奪三振能力を持つ。3人とも右投げで、昨年メジャーで50イニング以上投げているバリバリの実力派だ。

新戦力に加えて、現有戦力の底上げという部分も大事なことだ。

昨年行われた秋季キャンプは、高津監督の下、大松尚逸《おおまつしょういつ》コーチが選手たちに初日から1日1500スイング以上させる猛練習を課したという。

秋は目いっぱい練習できる時期。バッターはとにかく数多くバットを振らないと話にならない。猛練習をいかに結果に結びつけるかだと思う。ただやったという自信は大きい。これをオフの自主トレ、春季キャンプにどれだけつなげられるかだろう。

岩田《いわた》幸宏《ゆきひろ》は昨年の1軍で経験したものをいかに今年に生かすか。自分の特徴を生かしてどう試合に出られるようにするか。ある程度試合に出れば力になる。バッティングもよくなっている。守備は間違いないだけに期待はしている。岩田はハングリー精神がある。ただ彼も28歳になる年で決して若手ではない。社会人から出場機会を得るために独立リーグに移ったくらいだから志は高い。彼の場合、盗塁など試合における結果を求められている。

西村瑠伊斗はフリーバッティングでの飛距離がすごい。しかし、まだそれが試合で生きていない。２軍で試合経験を積み、台湾でのウインターリーグにも参加してやってきているが、まだまだ力を出し切れていない。今年の飛躍に期待したい。

今年、巨人から入団したK―鈴木こと鈴木《すずき》康平《こうへい》や、前述した下川あたりは面白いかなと思っている。２人とも育成入団だが、わりかし早いタイミングで支配下になる可能性がある。下川は昨年イースタン・リーグで1年間みっちりやっている。近藤《こんどう》弘樹《ひろき》も２０２１年に育成で入団しながら開幕前には支配下登録になり、春には大活躍していた。

２０２５年は優勝が至上命題

昨年末、高津監督は「２０２５年、優勝できるようにもう1年なんとかやりたい」と球団に言い、1年契約での監督続投となった。その決意と覚悟は並々ならぬものがある。優勝は絶対的な条件。球団と高津監督のいわば約束、誓いであり、優勝を義務付けられた続投だった。そういう不退転の覚悟を持ってのシーズンになる。

球団としても高津監督に優勝を課す以上それなりに金銭的バックアップも約束している。さすがに中日を退団したライデル・マルティネスに対して巨人のように10億円出すことはできないけれど、今オフ、編成としてもできる限りの補強に動いた。

FAではソフトバンクの石川柊太《いしかわしゅうた》、中日の福谷浩司《ふくたにこうじ》、楽天の茂木栄五郎《もぎえいごろう》にアタックした。残念ながら石川、福谷は獲得できなかったけれど、強打者・茂木の獲得は、内野を補強したい現場サイドから強い要望があってのことで、今シーズンを戦う上で大きなプラスアルファだ。

茂木は人的補償を伴うBランクの選手。今までヤクルトはBランクの選手には積極的ではなかった。それでも今回はチャレンジした。茂木はアマチュア時代からずっとウォッチしていた選手でもある。

戦力外となっていた阪神の加治屋蓮《かじやれん》や横浜の石川達也《いしかわたつや》など1軍実績のある投手にオファーをかけたいとも思っていたが、先に進めているFAの結果が出ないと、支配下選手枠やさまざまな編成の都合からなかなか行けない事情があった。ちなみに報道はされていないが、じつは中日のビシエドにもオファーしていた。

田中マー君の件は、うちは支配下選手枠の関係もあり、実現可能性はほぼなかったが、マスコミにはヤクルト入団かと騒がれた。あれも取材もしていないところの媒体が普通に記事にする。あれは困りもの。球団関係者とかの言葉で、マー君のことを「獲ってもチームのプラスにならない」「戦力として使えない」なんて出ている。そんなこと言うわけない。

とにかく一人でも実績のある即戦力となる選手が欲しいというのが、現場の思い。特に今季は絶対優勝を掲げている以上、フロントが何もしないわけにはいかない。フロントが動いている姿で現場の志気も上がる。成績が悪いのになんにもしてくれないというのではね。

だから今オフ、目いっぱい補強に動いた。青山学院大学陸上部の原晋《はらすすむ》監督ふうに言えば、ドラフトを含め、「２０２５年、絶対優勝するぞ補強」を敢行した。

正直、２０２５年のシーズンはいけると思う。現在のヤクルトはケガ人がでなければ他球団にも戦力はひけをとらない。２０２４年、試合を見てきて、正直飛びぬけて強いチームがあるとは感じなかった。もちろん現場からみれば、まだまだ戦力にもの足りなさを感じているとは思うけれど。

選手たちは昨シーズンの戦いに関して、非常に悔しがっている。その気持ちをいかに持続できるか。だから、開幕のスタートダッシュがとても大事。最初に出鼻をくじかれるとどうしてもモチベーションが下がる。いかに準備できるか。

開幕戦を１４３分の1と言う人もいるけれど、常に先行していくのが肝要。開幕戦の相手・巨人にはマルティネスが入って、大勢もいるし、リリーフ陣は強い。ヤクルトとしては先に点を与えないよう先発が大事になる。その中心は吉村や高橋かと思っている。彼らには大きく期待している。

青木のＧＭ特別補佐就任

選手としての直接の戦力ではないが、２０２５年の新しい力として、昨年現役を引退した青木宣親のＧＭ特別補佐就任というトピックスがある。日本とアメリカの野球を経験し、青木は編成面にすごく興味があるとのことだった。

ただこの仕事は事務方。スター選手だった時とは勝手が違う。新たに覚えなきゃいけないことはたくさんあるし、正直、苦いことを味わう場面もある。自分専属のマネージャーがいるわけではないから、スケジューリングや自身の移動の航空機や宿泊のチケットも自分でやらなければならない。彼も覚悟はしていると思うけれど、まあ修業です。選手とのとるべき距離感も変わってくる。

「もし選手から相談を受ければアドバイスすることは大事なこと。しかし、自分からああだこうだとアドバイスするのは避けないといけない。選手とは一線をひかないといけない」と彼には伝えた。やがて選手を評価し、戦力外通告をしなければならない立場なだけにね。

青木に期待することは広い意味でのチーム編成。日本やアメリカでの経験をもとに、どういうふうにすればチームは強くなるのか。選手を選別して取ってくる、ポジションを配置する、バランスをとっていく——その手腕が求められている。

青木には豊富な経験で培われた観察眼がある。きっと彼なりの選手の評価の仕方があり、新しい視点をチームにもたらしてくれるに違いない。

メジャー時代、彼は毎シーズン、別のチームで戦い、結果を残してきた。いわば毎年〝転校〟していたようなもの。大変な苦労があったと思う。メジャー実績のあるダルビッシュだって、チームを移籍する際にはナーバスになっていたと聞く。

毎年戦うチームが変わる中で、いかに埋没せず、自分が活躍できるかをさんざん模索し、酸いも甘いも体感してきた。その貴重な体験を大いに還元してもらいたい。

第3章　レジェンドたちの伝言

ドラフト4位でヤクルト入団

1981年、私はヤクルトからドラフト4位で指名を受けて、プロ野球選手となる道が開けた。当時のヤクルトの監督は武上四郎《たけがみしろう》さんで、大学は中央、社会人野球は河合楽器と自分とまったく同じ直系の大先輩だった。

自分のことを気にかけてくださっていたようで、この年、ヤクルトから指名されることは事前情報としてあるにはあったけれど、本当に指名されるかはわからない。当時は1巡目以外はテレビ中継もなく、記者会見があるわけでもない。

第一報が入った時は、もちろん嬉しくはあったけれど、私は妙に冷めているところがあり、「ああ、プロ野球に入れるな」ぐらいしか正直思わなかった。プロ野球選手に憧れて、でも果たせずあきらめた人たちには申し訳ない。私は喜怒哀楽の少ない、つまらない人間なんです。

家族も特に喜んでいた感じがなかった。姉と妹はそもそも野球に関心がなさそうだった。父は隠れて自分の野球の試合を見に来ていたし、母は一生懸命、自分の野球人生を支えてくれたから、両親は内心は喜んでいたのかもしれないけれど、その姿を見たことはない。

昔堅気の父からプロ入りに際して言われたことは「自分で決めた道なんだから最後まで歯を食いしばって頑張れ」ぐらいだった。

指名後すぐに恩師、中央大学の宮井監督に、「おかげ様で指名してもらえました」と電話を入れた。その後、契約交渉の場で契約金が提示され、その内容を宮井さんに伝えると、「おまえ、そんなんで（そんな金額で）行くな。ちょっと待っとけ」。どうも宮井さんがいろいろ裏で動いてくれて、契約金が少し上がった。そんなことまで、宮井さんはしてくださった。

ヤクルトとの不思議なつながり

当時のドラフトの担当者は、巽一《たつみはじむ》さんという慶應大学を出た方。巽さんと会うのはドラフト後が初めて。事前接触らしきものは、巨人で通算１４１勝を挙げて引退後にロッテのスカウトになった城之内邦雄《じょうのうちくにお》さんが自分がいないとき実家に来たというくらいだった。ちなみに城之内さんは落合博満《おちあいひろみつ》さんをスカウトした人としても知られている。

ヤクルトじゃなくて、本当はあこがれの長嶋茂雄さん、王貞治さんがいた巨人に行きたかったとかそういうのはなかった。父の弟であるおじさんが産経新聞で働いていて、結構なところまで出世された方だったが、最初にプロ野球を見た場所が、そのおじさんに連れられていった神宮球場。ヤクルトの前身、サンケイアトムズの時代で、それが初めてのプロ野球体験だった。

初めてのプロ野球観戦といったけれど、後にも先にも実はプロ野球を見たのはそれだけ。そう考えると、ヤクルトに入団することになったのは運命だったのかもしれない。ヤクルトの本拠地の神宮球場は、私の母校・中央大学が所属する東都リーグの聖地。なじみ深いところでプレーできるのは嬉しいことだった。

初めてのユマ・キャンプ

晴れてプロ野球選手としてのスタートをきった1982年。プロになったと初めて実感したのは、入団直後の春のオープン戦。相手は巨人で地方の球場だったと思う。ライト前ヒットを打った時に、セカンドを守っていた篠塚利夫《しのづかとしお》（現・和典）がスッとファーストに来て、私に「おめでとう」と声を掛けてくれた時だった。

高校時代のライバルで、千葉・銚子商業から巨人にドラフト1位で入った篠塚から遅れること6年。やっと同じ土俵に立てたんだとこみ上げるものがあった。

入団してすぐのキャンプはアメリカ・ユマで行われた。キャンプは1・2軍全員参加。途中から振り分けられて、2軍の選手は途中で帰国したけれど、私はギリギリで1軍に残った。以後、シーズンもずっと1軍メンバーとして帯同していた。

この年、一緒に入団した同期は亜細亜大学からドラフト1位で入ったアンダースローの宮本《みやもと》賢治《けんじ》、あとは2位の加藤誉昭《かとうたかあき》（都城商業高）、3位の中川明仁《なかがわあきひと》（向上高）、5位の橋口美利《はしぐちみとし》（本庄高）、6位の豊順一郎《とよじゅんいちろう》（中種子高）ら高卒の年下ばかり。社会人から入ったのは自分だった。巽スカウトからは「社会人からの入団だから、すぐ戦力としてしっかり頑張らないとだめだ」ということは言われていたので、1軍に残れたのはほっとした。

初めてとなるプロのキャンプは本当にきつかった。ユマはアメリカの田舎で、周囲には何もなく本当に練習漬けの日々だった。朝8時半くらいに宿舎を出て練習は10時から夕方4時すぎまで、夜間練習は7時から1時間半ほどやった。今と同じ4勤1休の日程だったが、昔はほぼコーチから課されるメニューをこなす〝やらされる〟練習。今の選手たちもすごく練習するが、けっこう自分のペースで練習できる。今のほうが効率的だと思う。

とにかくこのユマ・キャンプ。自分の場合は体力だけは自信があったので、なんとか故障することもなく完走できた。

ユマ・キャンプは、練習だけではなく、食事もきつかった。ご飯も大しておいしくないし、おかずも、でっかい焼いた肉の塊がボーンと出てきて、キャベツや温野菜みたいなのとトウモロコシがあるだけ。いわゆるアメリカンな大雑把な料理だった。

味の付いていない肉を、どうやって食おうかなと思って、塩とコショウをかけるけれど、それも限度がある。そんなに肉が好きでなかったこともあり、口の中でクチュクチュ噛んでいても、最後は飲め込めなくなってしまう。

しょうがないから残った肉を隠すように野菜をかぶせて、「お先に失礼します」って言ったら、先輩の青木実《あおきみのる》さんが「おまえ、自分の持ってきたものは最後まで責任を持って食え」って。給食が食べきれず、残されている小学生のように、ずっと食べていた。

他の先輩たちはユマで出る料理がどういうものかわかっているから、焼肉のタレとか調味料を日本から持参してきている。1年目の自分はそういう事情を知りようもない。

球団スタッフが気をきかせて持ってくることもなかったし、入団に際して、そういうことも含めて、ケアしてくれるような親切な先輩は正直いなかった。今みたいにソフトな先輩が多い時代ではなく、言い方を変えれば、今よりも選手たちに個人事業主としての意識が強い時代だった。

ユマで外野ノックを受けていて、ヤクルトの主軸、若松勉さんにほんの少しぶつかりそうになったことがある。すると、あの青木さんが「どこ見て走ってるんだ！　若松さんがケガしたらどうするんだ」って鬼の形相。ふざけるな、この野郎と思ったね。いちいち口うるさい人だった（笑）。

とんでもない世界

プロに入って1年目。「とんでもない世界に来ちゃったな、俺には無理かな」と正直思った。野球のレベルの高さは気にならなかったが、性格的にプロの世界は自分に向いていないかな、と思ったのだ。

プロ野球にいるのは、強烈な個性を持った人、周りの人を押しのけてでもという精神的に図太いギラギラした人ばかり。周りのきつい言葉や、先輩の露骨な嫌味などいろいろあり、とんでもない世界というか、正直イヤな世界に来ちゃったなと思った。

それでも1年目はとにかくがむしゃらにやって、この世界で何とか勝負していかなきゃいけないと腹をくくれたのは2年目の時。よくも悪くも、ハードなこの世界の水に慣れていこうとした。

深夜の大杉勝男

1年目は右も左もわからず大変なことが多かった。世知辛いというか今でいうとブラック企業のような嫌な人間関係もあったけれど、大杉勝男《おおすぎかつお》さんや若松勉さんらヤクルトの大物選手にはすごくかわいがっていただいた。遠征で2人部屋になるときは必ず大杉さんと一緒だった。

大阪遠征のある晩。大杉さんの睡眠の邪魔をしてはいけないと、大杉さんの寝息が聞こえるまでシーツの音さえ立てないようにし、トイレは半開きにして、足元のライトだけをつけていた。

「ああやっと大杉さんが寝た。これで自分も寝られる」と思ってウトウトしかけたら、大杉さんがバサッと起き上がって、いきなりバットをブンブン振り出した。しかも、寝ている私の体の上を。「大杉さんあぶないです」って、それはもうびっくりした。

もちろん、大杉さんは私を驚かそうとしてやったわけじゃなく、寝ていても、自分のバッティングのことが頭から離れないんだ。夜中にガバッと起きて突然素振りを始める――たしか長嶋さんにも同じようなエピソードがあると聞いたことがある。名選手たちの強烈なプロ意識というのは……ちょっとカルチャーショックだった。少なくともアマチュア時代にそんな選手はいなかった。

ヤクルトのレジェンド若松勉

大杉さんと並ぶ、もう一人の野手のレジェンド若松さんにも、公私ともにすごく面倒を見ていただいた。若松さんは自分が表立ってリーダーシップを発揮するタイプではなく、どちらかというと背中でみんなを引っ張るタイプの方だった。首位打者を2回取るなど実績も十分な方だったが、ベテランになっても練習量はすごかった。

技術も衰え知らずで、練習を見ているだけでも勉強になった。バント練習を数回やってからバッティング練習をやるのがルーティンで、そのバントも絶妙。若松さんは試合ではバントなんかしないのに。いざバッティング練習を始めれば三遊間へバンバン簡単そうに打つ。一塁にランナーがいる時は一・二塁間へ測ったように打つ。バットコントロールはとにかく天才的。でもやはり一番勉強になったのは、若松さんの練習に取り組む姿勢だった。

勝負師のオーラ

これは私より20歳ほど年下のヤクルトファンの知人の話だが、彼は子どものころ、静岡に住んでいて、年に一度、草薙球場で行われるヤクルトの試合を楽しみにしていた。あるとき、そんな彼が憧れの若松さんのサインをもらおうと色紙を片手に、球場入りする若松さんを待っていた。

チームバスから降り、球場にまさに入ろうとする若松さんにサインをお願いしようとしたが、目の前に現れた若松さんは張り詰めた空気感をただよわせている。これから決闘に臨む武士のような目をしていた若松さんに気圧され、まったく声が掛けられなかったという。

真剣勝負に挑む大人の凄みと殺気に触れたんだ。地方球場での試合だからイベント感もあって少しくらい緩い雰囲気を出しているかと思いきや、まったくそんなことはなかったという。

若松さんも今や好々爺な感じで、柔和な表情を浮かべていることも多いけれど、とにかく当時のプロ野球選手というのはそういう感じだった。プロとアマチュアの一番の違いはそこだと思う。成績を残さなければ、球団を去らなきゃいけない、おまんまの食い上げだ、という職業人としての真剣度が違っていた。

プロで出会った衝撃的な投手

「プロの投手が投げる球は、アマの選手に比べて10キロも20キロもスピードが速いわけじゃないけど、ストレートも変化球もキレがすごくて、新人の野手はバットに当たらない、当たってもボールが前に飛ばない」とかいう話がある。

私の場合は高卒新人ではなく、社会人出身だからプロのピッチャーの球に面食らうということはなかったけれど、これはかなわないと思ったピッチャーがいる。

1人目は大洋ホエールズ（現横浜DeNAベイスターズ）のエース、遠藤一彦《えんどうかずひこ》さん。遠藤さんのフォークボールはすごかった。振りにいったら、なんか知らないけど球が消える。オーバーな言い方かもしれないけど、そんな感じだった。捉えても飛ばないというより、そもそも当たらなかった。

2人目は巨人の江川卓《えがわすぐる》さん。江川さんのストレートもすごかった。捉えたと思ったのにファウルになったり、空振りになったりしてしまう。やっぱりこれが怪物・江川卓なんだなと驚いた。

巨人の槙原寛己《まきはらひろみ》や中日の小松辰雄《こまつたつお》、広島の津田恒実《つだつねみ》とか真っ直ぐの速い人はいたけれど、別に球に当たらないという感じではなかった。しかし、江川さんのストレートは胸元あたりにくる球が異様に速い。ストライクゾーンに来ているように見えるから振ってみたら、高めのボールゾーンに来ていて空振りしてしまう。

実際は球がそんなにホップすることは重力の関係で絶対にないのだが、そういう錯覚が起きる。ボールが最後まで垂れない、プロで感じた一番すごい球だった。私が入団した年、江川さんは19勝している。その前の年は20勝。江川さんの全盛期の球を体験できたのは貴重なことだった。

理論なき打撃コーチ

結局、1年目は85試合に出場。201回打席に立って、打率は2割1分3厘、ホームランは3本だった。

前述した遠藤さんのフォーク、江川さんのストレートだけではなく、中日の牛島和彦《うしじまかずひこ》はフォークが決め球だったけれど、カーブの切れ味も抜群だった。そういう一流投手の球にどうやったら対応できるのか、どうすれば自分はプロで成績を残していけるのかと頭を抱えてしまった。

今みたいに配球面から攻略の糸口を見つけるとかという工夫も思いつかなかった。そのあたりの攻略法を知っている野村克也さんと出会うのは、ずいぶん後のことだ。今の時代は、相手ピッチャーの投球傾向を分析して、次にくる球を読んで打つ、ということをどのチームもしているけれど、当時、チームとして配球面からアプローチするというのはなかった。

きっと私が新人のときにも、配球を読んで打席に臨んでいたベテランはいたと思う。けれど、当時はベテランが若手に技術指導するなんて風潮はなく、後輩にいろいろと教えていたのは杉《すぎ》浦享《うらとおる》さんくらい。コーチでさえ具体的な指導は一切なかった。

私がボール球ばっかり振って三振していると、「おまえ、ストライクゾーンを打たなくて、ボール球を打つ練習しろ」ってバッティングコーチが平気で言う、そんな時代だった。

あるときは、コーチから「左足が地面に着く前に振れ」と言われた。「右打ちの俺が左足が地面に着く前に振る!?　そんなことできないよ」と思いながら、ユマのキャンプで一生懸命、不格好な形で振っていた。

それをすることにどんな意味があるかなんていう説明は一切なし。理論的なコーチングなんてまるでなかった。それでなにかといえば、「王はな……」となる。

中西太さんとの出会い

プロのバッティングコーチってなんなんだという怒りに似た気持ちを悶々と抱えながらすごしていた3年目に、やっとこの人は本物のコーチだという人に出会う。それは中西太さんだった。コーチというものに初めて出会えた感じを受けて嬉しかった。一筋の光だった。

今は「選手ファースト」と選手の自主性を極力重んじるムーブメントがあるが、昔は真逆。だけど、その中西さんらは本当に選手のことを大事にしてくれていた。当時は、「補欠には休みなんかないんだよ、とにかく練習しろ」という風潮があって、ずっとそういう中でやってきた。

しかし、中西さんなんかは「やっぱり休みも練習のうちなんだよ」とちゃんと言ってくださる。もちろんなかなか休みはなかったけれど、休むときには気兼ねなく、本当に周りを気にすることなく休むことができた。そして、やるときはきっちりやるというね、そこのメリハリがすごかった。

実際に中西さんの課す練習はハード。中西さんは黄色いスポンジボールを練習でよく使っていた。中西さんが、外・外・内という順番で投げてくるスポンジボールを私がひたすら打ち返す。これは外角よりの球をセンターに打ち返すスタイルのまま、インサイドに来た球を無意識に体を回してさばく練習で、この練習をやると「インサイドアウト」のバットスイングが身につくのだ。

すごく疲れる練習なのだが、中西さんはほめてくれるというか、選手を乗せるのが上手く、知らず知らずのうちバットをものすごい数、振っていた。中西さんは形にとらわれることなく、一番大事にしなきゃいけないポイントというのをちゃんと明確にして選手に伝え、その上で、そのためにこういう練習をするということをちゃんと言ってくれる。

私のストロングポイントはパワーだったけれど、それを生かすべく、「トップから一気に振り下ろせ」という指導だった。そういう指導方針の下、昼も夜もずっと練習していた。

中西イズム

タイミングの取り方という点に、1つ中西流指導の特徴があったが、それがはっきり出ているのが、八重樫幸雄《やえがしゆきお》さんのバッティング。思いきり開いた独特なオープンスタンスだった。

構えは自分の一番リラックスできる、一番うまくバットを主導できる形で大丈夫とおっしゃっていた。

そんな中西さんの指導が私に実ったのだろう。中西さんがコーチになられて、初めて二桁ホームランを打つことができた。

ヤクルトには中西イズムがずっと受け継がれている。経験論と根性論ばかりの時代にあって、柔軟な独自のコーチ理論を持っていた方がいたというのは1つの驚きだった。そんな中西さんの薫陶を受けたプロ野球選手は数多く、若松勉、岡田彰布、掛布《かけふ》雅之《まさゆき》、宮本慎也、岩村明憲、田口《たぐち》壮《そう》らに中西イズムは引き継がれていると聞く。「何事も苦しい時が自分の礎をつくる」という「何苦楚《なにくそ》」が中西さんの座右の銘だった。

中西太と栗山英樹

2023年、WBCで日本を優勝に導いた栗山英樹（ヤクルトOB）も中西さんに師事した一人。栗山は中西さんについてこう証言している。

「すごく愛情深いコーチングは鮮明に記憶に残っています。ティー打撃の練習でボールを上げてくれたのですが、どんどんこちらに近づいてきてバットが当たってしまいそうな距離にまで迫ってくる。そこまで熱意を持って伝説の一流打者が接してくれたことに、感動したことは忘れません」

栗山は1984年にドラフト外でヤクルトに入団したが、中西さんはドラフト順位など関係なく、全身全霊で彼を指導していた。

そんな栗山は、中西さんから三原脩《みはらおさむ》さん（中西さんの義父）が残した、野球を洞察したメモ「三原ノート」を見せてもらいWBCでも手元に置き、ともに戦ったとのこと。三原さんは西鉄、大洋を日本一に導き、魔術師と呼ばれた名将。

「中西さんはヤクルトでの現役時代のコーチで、三原脩さんも含めて、私の野球人としてのすべてのベースを作っていただきました。この世界一も、すべて中西さんのおかげです。本当に感謝しています」と語っていたという。

最下位続きの暗黒時代

昔から巨人戦は特別なカードで大きな盛り上がりを見せるが、私が入団した頃、打倒ジャイアンツみたいなものは、選手たちの意識にあまりなかった。１９７８年に広岡達朗《ひろおかたつろう》監督の下、日本一になっているが、私が１９８２年に入団してからヤクルトは２年連続最下位。１９８１年から１９９０年まで10年間ずっとBクラスだった。

いわゆる暗黒時代で、毎年優勝争いをし、日本一の人気球団である巨人を同じ東京を本拠地にしているとはいえライバルとは呼べなかった。

そんな意識が変わったのは野村さんが監督の時代になってから。大杉さんや若松さんのような球界を代表する選手はいたけれど、優勝を意識して戦うとかは今ほどではなかった。

シーズンのはじめは、目標は優勝なんて言いながらスタートするわけだけれども、実際は個人個人の優勝への意識は低かった。今よりも個人事業主色の強い集団で、極端な話、チームが最下位だったとしても、自らが３割打つほうが大事というような感じだった。

もちろん全員がそういう意識だったわけではない。しかしプロ野球選手はみな個人事業主。

優勝はしたいけれど、基本はやっぱり自分の成績だから、個人成績を残した上で優勝すれば最高なわけだ。だから、同じポジションのライバルが、ヒットやホームランを打ったら、一応出迎えるけど、内心はよく思わないもの。それは今もたぶん変わらないと思う。

たとえば優勝争いをしている場合なんかは、ライバルのヒットでチームに点数が入ったとしても本当に喜べるだろうけど。優勝争いをしているからこそ、一旦、自分の個人成績のことを脇に置いてチームの勝利を大切にしたいという気持ちが芽生えるわけであって、それが最下位争いをしているチームなんかだと、チームの勝利のためにというモチベーションはどうしても希薄になる。

慢性的に弱いチームはこの悪い循環から抜け出せず、それゆえに弱くなるのだ。

弱いチームは悪いほうの予感ばかりが当たる

私が入った1980年代前半は低迷期だったので、なかなかチームにプラスの気風が生まれにくい感じがあった。7回ぐらいまでリードしているような有利な展開でも8回とかになって、ランナーがポンと出たりすると、これやばいよね、というような空気が流れはじめ、案の定、逆転されたりしてしまう。

悪いほうの予感ばかり当たり始めたら、負のスパイラルにはまっているといっていい。これは負けが込んでいるチームの典型で、その悪循環を打破できるのはどんな形であれ実際に勝つ

郵便はがき

切手をお貼りください。

102-0071

東京都千代田区富士見一－二－十一
KAWADAフラッツ一階

さくら舎 行

住所	〒 都道府県		
フリガナ		年齢	歳
氏名		性別	男 女
TEL	( )		
E-Mail			

さくら舎ウェブサイト www.sakurasha.com

愛読者カード

ご購読ありがとうございました。今後の参考とさせていただきますので、ご協力をお願いいたします。また、新刊案内等をお送りさせていただくことがあります。

【1】本のタイトルをお書きください。

【2】この本を何でお知りになりましたか。

1.書店で実物を見て　2.新聞広告（　　　　新聞）

3.書評で（　　　　）　4.図書館・図書室で　5.人にすすめられて

6.インターネット　7.その他（　　　　）

【3】お買い求めになった理由をお聞かせください。

1.タイトルにひかれて　2.テーマやジャンルに興味があるので

3.著者が好きだから　4.カバーデザインがよかったから

5.その他（　　　　）

【4】お買い求めの店名を教えてください。

【5】本書についてのご意見、ご感想をお聞かせください。

●ご記入のご感想を、広告等、本のPRに使わせていただいてもよろしいですか。
□に✓をご記入ください。　□ 実名で可　□ 匿名で可　□ 不可ことであり、「勝利」というのは一番の特効薬なのだ。

少し話が逸れるが、私は監督時代の２０１９年に16連敗を経験している。終盤に逆転されて負ける展開の試合が続くと、選手間に不安に満ちた空気が流れ始め、勝てる試合も勝てなくなってしまう。負のムードが連鎖、伝染し、そこから大型連敗につながっていく。

やはり大型連敗を喫したチームは優勝できない。空気やムードの影響を受けるのは、人間だから仕方ないけれど、80年代の低迷期や私の監督時代、最下位だったときはそういう悪いムードに満ちていた。

赤鬼ホーナー

１９８７年、低迷期が続くヤクルトに起爆剤として大物外国人選手が入団した。赤鬼ボブ・ホーナー。それまで彼のようなバリバリの現役メジャーリーガーが日本球界入りすることはなく、当時大きな話題となった。

ホーナーは前評判に違わず、日本2戦目となる阪神戦でいきなりレフト・ライト・センターへホームラン3連発、野球ファンの度肝を抜いた。このホーナーの打撃技術が驚きだった。フリーバッティングの練習でも全然ファウルを打たない。力感のないフォームで、コンパクトに打つ。それでホームランを量産するから相手投手はまいってしまう。

たとえばバレンティンとか一般的な外国人のパワーヒッターは体格がよくて、いかにも当たったらすごい打球が飛ぶなというような豪快なスイングをするのだけれど、ホーナーはそうじゃない。体格的にも日本人選手とさほど変わらず、豆タンクみたいな体つき。筋肉質でもない。結局、5月入団なのに、31本ホームランを打ち、打率も・327を記録した。ただこのホーナー、バッティングはすごいけれど、練習は真面目にやらないし、わがまま。練習に出ないで、ミーティングの時まで寝ていたりとんでもないやつだった。だけど、試合では一生懸命やるんだ。そういうスタイルだったから、腰を痛めてしまったのかもしれない。

ホーナーは、バスで移動するとき必ず一番後ろの席に座る。同僚のレオンはいつも前のほう。試合後は、レオンのほうが日本では先輩なのに、ホーナーに呼ばれて、嫌々後ろの席へ行き、ビールの飲みに付き合わされていた。

同じ右バッターで、何かを学びとりたいと思ったけれど、なかなか盗めなかった。本当はみんなが見ていないところで密かに努力していたのかもしれないが、そうとも思えない。天性としかいいようがない、異様なバットコントロールのセンスだった。

驚いたのが、長崎の佐世保であった広島戦。外角高めのボールを引っ張った打球が、ファウルゾーンからフェアゾーンにスライスして曲がり、レフトスタンドに突き刺さった。どうすればあんなホームランが打てるのかさっぱりわからない。

ホーナーが打てなかった投手

しかし、そんな天才にも打てない投手がいた。巨人のエース江川卓。江川さんと当たると全然だめ。もう手も足も出ない感じだった。江川さんから３三振してすぐにあとには、鹿取義隆《かとりよしたか》さんからレフトにホームランを打っているから、不調だったわけではない。

ホーナーの打撃技術に関してはこんな証言がある。彼のフリーバッティングで、バッティングキャッチャーを務めた者いわく、内角に来た球の捌《さば》きのうまさが異様で、インサイドにきたボールを打つときバットのヘッドが少ししか見えないと言っていた。バットが体の内側間際を通ってくるという。

インサイドの球に対して詰まってしまうバッターは、バットが遠回りしているのだ。内角に来た球は、普通に打ったらバットの根元の部分に当たってしまうもの。しかしホーナーと大杉さんの２人は、バットの芯の近くでとらえていた。今のバッティング理論でいうところの「腕の畳み方がうまい」「ヒジを抜く」「インサイドアウトのスイング」ということだろうか。とにかく内角速球の捌き方をセンスでわかっていたのだろう。

荒木大輔フィーバー

ホーナー旋風が吹き荒れる前、ヤクルトには荒木大輔フィーバーがあった。荒木大輔は早稲田実業1年夏にエースとして準優勝、５季連続で甲子園出場、巧みな投球と甘いマスクで一大ムーブメントを巻き起こした。

彼は私が入った翌年の1983年にドラフト1位で入団してきた。荒木はどこへ行っても記者やファンに追いかけられていた。あるとき、荒木と一緒に遠征先のホテルから出て行ったときも追いかけられて、それがあんまり凄いんでパチンコ店に入って逃げようとしたら、パチンコ店の中まで入って来る。あれはかわいそうだった。

このとき、神宮球場とクラブハウスをつなぐトンネルができた。それまでは、球場からクラブハウスへ行くには、一般の方も通行する道路を横断しなければならなかったが、荒木がもみくちゃにされないようトンネルができた。

でも私も含めて他の選手は最初そのトンネルを使っていなかった。悲しい話、荒木が出場しなければお客さんもそんなにいないし、トンネルを使う必要がなかった。観客がたくさん入り、いつもとは違う戦闘モードな雰囲気が出るのは巨人戦だけ。テレビ中継もあるし、これはもう他のカードとはまるっきり違うものだった。

強運のドラフトで大物ルーキー続々入団

1980年代前半の低迷期のヤクルト。当時の投手陣は尾花高夫、梶間健一《かじまけんいち》さんがローテーションを回していた。あとは誰だろう。パッと名前が挙がらない。私と同期の宮本に鈴木康二朗《すずきやすじろう》さんと交換トレードで近鉄から来た井本隆《いもとたかし》さん、ジャンボ宮城（宮城弘明《みやぎひろあき》）、大川章《おおかわあきら》……。

野手陣は若松さんと杉浦さんが代表格で、大杉さんは私が3年目のときにはもう引退されていた。たとえば1984年ごろのオーダーは1番水谷新太郎《みずたにしんたろう》さん、2番角富士夫《すみふじお》さん、3番若松さん、4番マルカーノ、5番杉浦さん、6番八重樫さん、7番渡辺進《わたなべすすむ》さん……といったぐあい。

このころは万年Bクラスではあったけれど、ドラフト会議で神の左手を持つといわれた相馬《そうま》和夫《かずお》球団社長が、毎年のように他球団との競合選手をくじで引き当てるなど、徐々に明るい兆しが見え始めていた。

さきほどの荒木をはじめ、高野光《たかのひかる》、池山隆寛など有望なルーキーが入団した。ただドラ1ルーキーの高野がいきなり開幕投手だったりしたから選手層としてはまだかなり厳しかった。

その後も広沢克己、伊東昭光《いとうあきみつ》が入ってきた。徐々に戦力が整い始め、関根潤三監督時代に池山・広沢のイケトラコンビが名をはせるようになったころから、チームの雰囲気が少し変わり始めたように思う。ホーナーが来たのもこのころ。

関根監督が池山・広沢には三振してもいいからと思い切りよく振らせて、チームに活気と勢いが出てきた。さらに、長嶋一茂も加わり、お祭り感みたいなものも出てきた。とにかくイケトラコンビは威勢がよく、すごいのが出てきたなという感じはあった。

やっぱり、あれだけ振れる選手というのはなかなかいない。今の村上じゃないけど、三振は結構していたわけだけど、あのころ三振も凡打だからということで関根さんは三振に対して咎《とが》めなかった。

土橋正幸監督

現役時代、武上四郎さん、土橋正幸《どばしまさゆき》さん、関根潤三さん、野村克也さんと主に4人の監督の下でプレーした。各々、指導方針に違いがあり、野球観もそれぞれだった。特に土橋さんと関根さんは両極端だった。

関根さんの前の土橋さんは三振にめちゃくちゃうるさい監督で、池山と広沢と私は三振が多かったから特によく怒られていた。ただイケトラはマインドが強く、怒られたってフルスイング。自分のバッティングスタイルを貫いていた。私といえば、土橋さんの時には試合に出たくないなと本気で思っていた。

よく覚えているのが、後楽園球場で行われたある巨人戦でのこと。見逃し三振をして、「うわあ、また土橋さん、あそこで待ってるわ」と思って、わざと遠回りして土橋さんを避けてベンチに戻ったら、ベンチの裏からやってきて「見逃し三振なんかな、俺だってできるわ！」。

正直つらかった。私は代打での出番が多かったが、出たときにはボール球を振っちゃいけない、見逃し三振しちゃいけない――そればかりを意識していた。本来、代打で出た人間が考えるべきなのは、いかにヒットを打つか、いかに塁に出るかなのに、意識が完全に後ろ向き。自分の性格がプロ向きではないな、プロでは力不足だなと思ったのはそのころだった。

関根潤三監督

1987年、約3年（1984年の途中〜86年）続いた土橋政権から関根さんに監督が代わっていろいろなものが結構ガラリと変わった。池山と広沢はとにかくバットを振ることを求められ、居残りでやっていた。関根さんは形を気にする方で、構えがしっかり決まれば大丈夫だと言っていた。

アメリカ・ユマでの春季キャンプの直前、神宮で自主トレをやっていると、関根監督から「おまえ、キャプテンをやれ」と言われた。さらには「おまえは人から何か聞かれたら、絶好調ですと言え。中畑清《なかはたきよし》を見習え」と。以後、そのことをずっと言われ続けた。関根監督はプロの世界で生きていく上での私の性格的な弱点を見抜いていたんだと思う。

嫌だなと思ったけれど、あんまりにも関根監督に言われるものだから、記者なんかに聞かれたときは仕方なく、ちょっと小さい声で「絶好調です」って。

私は先頭に立つとか、目立つのがすごく嫌だった、つねに存在感を消していたいぐらいの人間だったけれど、関根監督はそれを許さなかった。つねにポジティブであれと。「おまえが出ていかなきゃだめなんだ」と何度も言われた。

関根監督には目をかけてもらっていたと思う。実際に出場機会はそんなに多くはなかったけれど、いろいろな場面で使ってもらった。「つねに絶好調と言え」というような、ある種のメンタル革命みたいなものは、やがて自分が指導者になってから生きてくることになる。

幻の小川淳司サード計画

わかりやすく厳しい土橋監督と比べると、関根監督は好々爺《こうこうや》のように一見朗らかな人に見える。しかし実際は、関根監督はかなり厳しかった。選手たちに明るく自由にやらせているように見えてね。

当時まだ若手だった飯田《いいだ》哲也《てつや》は泣くほど練習でしごかれたというし、試合中、笑顔のままマウンドにつかつかと行って不甲斐ない投球をしていたピッチャーの足を踏んづけたり蹴ったり、かなりきついことを言っていたらしい。川崎憲次郎《かわさきけんじろう》やギャオス内藤《ないとう》（尚行《なおゆき》）は、笑顔のまま怒る関根監督のことを「竹中直人《たけなかなおと》」と陰で呼んでいたという。

関根監督とのエピソードで忘れられないのは、関根監督2年目の秋季キャンプでのこと。その年は静岡の伊東スタジアムでキャンプが行われた。伊東スタジアムといえば、有名なのは巨人・長嶋茂雄監督が行った地獄の伊東キャンプ。関根さんは長嶋巨人1年目の時のヘッドコーチで、その縁もあり、同地を選んだんだと思う。

普通、秋のキャンプは若手が中心だが、関根さんは私をサードに転向するプランをもっていて、私も参加することになった。30歳にもなって参加しているのは私だけ。この伊東キャンプがとにかく厳しかった。私一人だけバッティング練習は一切やらず、朝から晩までずっとサードでノックを受け続けた。みんなランニングに行っているときでさえ、一人居残りノック。関根監督は絶対に妥協しなかった。このときの練習が一番厳しかった。

衝撃だったのはキャンプのあと。現役時代、ドラフト会議でヤクルトが長嶋茂雄さんの息子、一茂の指名権を獲得した。長嶋一茂は関根さんの意中の恋人だったからもう大喜び。一茂のポジションは当然サード。その瞬間に「いいよ、もう」って「小川淳司サード計画」は幻に終わった。

関根監督はあれだけしごいた私のことをすっかり過去のものにしていた。あの特訓は一体なんだったんだ。腰も一気に悪くしてしまい、正直苦い経験となった。

長嶋一茂という前代未聞

一茂は池山やのちに入団する古田敦也と同学年。ミスタージャイアンツ・長嶋茂雄の息子ということで話題性は十分。新たな刺激を加えるという意味ではチームに大きな影響を与えた。荒木大輔の入団の時もすごかったが、一茂フィーバーもすごかった。一茂の場合は女性や子どものファンというより、マスコミの熱狂がすごかった。

長嶋一茂の2年目の時、彼と私はアメリカ・ユマ春季キャンプで同部屋となる。これには一茂の指導係の役目もあった。しかし今振り返っても、彼との同部屋生活は驚きの連続だった。

一茂は2年目なのにお坊ちゃん丸出し。キャンプの1日は毎朝、まず体操をやって、朝食をとって、準備して球場へ行くというスケジュールなのに、まずあいつは朝、起きない。「小川さん、僕、いいです。行かないですから、小川さん、一人で行ってください」って。「おまえね、そういうわけにいかないいんだよ。俺の責任になるんだから」って蹴っ飛ばしながら連れて行って、体操させる。ほぼ毎日それの繰り返し。

普通、後輩は先輩のために朝コーヒーを入れるのが当時の常識だったが、あいつは寝ている。部屋には冷蔵庫がなく発泡スチロールの箱に毎日氷を入れて、買ってきたビールとか缶ジュースとかを全部入れて冷やしておくわけだが、それも一切やらない。教えても一切やらないから、しょうがない。私が買い出しに行って、毎日練習から帰って来たら氷を入れ替えて飲み物を入れていた。

ユマのキャンプには成田空港でチョーヤの梅酒を1本だけ買っていき、それを夜寝る前に、1杯だけゆっくりと飲むのが、私のハードな海外キャンプの中のちょっとした楽しみ。あるとき、練習から帰って来たらチョーヤの梅酒がない。なくなっている。

一茂に「俺の梅酒、知らない?」って言ったら、「小川さん、すみません。全部飲んじゃいました」って。「おまえよ、あと何日キャンプ残ってるんだよ。俺、いつも寝る前に飲んでるのに」って言ったら、「いや大丈夫、大丈夫。ロスから取り寄せますから」って、次の日に10本来た。なんだ、それって。

一茂失踪事件

一茂は突然いなくなるということもあった。キャンプの夜、あいつが帰って来ない。どこ行ったのかわからない。携帯電話もない時代、調べようもないし、人の部屋にも行っていない。結局、朝まで帰って来なかった。「おまえ、どこ行ってたんだよ」と怒ると、「いや、友達の所に行ってました」ってあっけらかん。ユマの街はそんなに治安はよくないよ。「キャンプで外泊したやつなんて見たことねえぞ」とほとほとあきれた。

その年はユマのあと、ハワイでもキャンプを行った。

オアフでもまたあいつは夜帰って来ない。オアフにも知り合いがいっぱいいるのだろうが、「おまえ、外泊するなら言えよ。こっちは心配してて寝れてないんだぞ。俺の責任があるんだから」って。そういうのもお構いなしなんだ。あれは本当に困った。

でも、彼の中ではそれが本当に普通のことらしい。怒っても、あいつの考え方がそう大きくは変わらないのだろうなと思い、ガミガミ言うのをやめた。鬼の野村克也監督が就任するのはその翌年。野村さんが来るまでは自由奔放な一茂であった。

時代を先取りしていた男

そういえば、彼は海外へキャンプに行くのに現金をほとんど持っていなかった。アメリカから日本への国際電話の料金は1週間に1回、自分たちで清算するルールがあり、「一茂、俺、ちょっとフロントで清算してくるぞ。おまえの分は払えないから、俺は自分のをやるわ」って言ったら、「いや、いいですよ。小川さん、僕、全部払いますから」って。「おまえ、現金持ってねえじゃねえかよ」って言うと、彼はカードで支払っていた。

当時、カードで支払う習慣のある選手なんかいない。海外慣れした一茂はカードを使いこなしていた。キャッシュレスを最先端でいっていた。

天然という厄介

今、彼はテレビタレントとして、大活躍している。元プロ野球選手というケースではレアなケースだが、私はそのことにまったく違和感を抱いていない。自由奔放すぎる男ではあったが、彼には頭の良さがあって、自分の言いたいことを言っているだけに見えて、テレビタレントとして彼なりの努力というのは間違いなくあるとは思う。

選手時代、チームメートとして、頭にきたりあきれたことは多々あったけれど、正直キラリと光るものが一茂にはあった。それが何かといわれると難しいのだが、確実にそれは感じていた。生意気なんだけれど、彼にはなぜか嫌味を感じないんだ。だから困っちゃう。

人としての嫌らしさがそこに入ってくると、なんだこの野郎と本気で頭にくるのだが、彼の振る舞いには悪意や作為的なものがまるでない。あいつは、頭がいいくせに、天然なんだ。

数々の無礼も、彼が育ってきた環境の中では普通なことだった。朝起きなくても、後輩としての役割を果たさなくても、生意気なことを言っても、夜帰って来なくても。くやしいが、なんか憎めない。まったく得な性格だよ。野球界にはいろんなタイプの人間がいるが、一茂はちょっと珍しい存在だった。

「何が爺やだ、コノヤロー」

こんなこともあった。遠征に出発する直前、神宮で練習をし、風呂に入って、さあ遠征へというときに一茂が鏡の前で頭を乾かしながら、「あ、革靴忘れちゃった。どうしようかな。いいや、爺やに持ってきてもらおうっと」と言うわけ、私の横で。

「てめえ、何が爺やだ、コノヤロー」って。その爺やが彼の運転手なんだ。でも、私が激しい言葉でののしっても、さらりと受け止めるような雰囲気を持っているやつだった。

テレビ番組の中で、今でもそうやって、自分が言いたいことを言いながらも周りからいじられるというのは、彼の良さなんだと思う。

そんな一茂を溺愛していたのが関根監督。関根さんからはこんなことを言われた。

「キャンプはしんどくて一茂がノイローゼになりそうだから、おまえ、ちゃんと見てやれよ」って。そんなことは絶対にないからと思いながら、「はい、わかりました」と答え、心の中では「どこがノイローゼだ、ノイローゼなんかあいつには全然あり得ないから。俺は子守かよ」とつぶやいていた。関根さんはもう孫を愛するおじいちゃん状態だった。

類まれなる身体能力

それにしても野球選手として、一茂はもったいなかった。本当に体のパワーは驚異的で、首がやたら太くて、肩も強い。フリーバッティングの打球もすごかった。あいつがもうちょっと野球に打ち込む姿勢や考え方を変えていたら、すごい選手になったんじゃないかなと思っている。落合さんも「おまえ、親父を超える可能性があったんだよ」と言っていたらしい。

しかし、一茂はいかんせん、あの性格で、1つのことをコツコツやることが苦手。集中力も長続きせず、あれじゃちょっと無理だった。

神宮でサードのノックを受けていて、思うようにいかないと、あいつは球を球場の外まで投げてしまうんだ。はっきりいって、今風にいえば、あいつはちょっとヤバイやつだよ。そんなことをしてボールが球場の外にある車や人に当たったらどうするんだよって思うけど、そんなのを平気でやってしまう。

返す返すも彼は惜しかった。野球で成績は残さなかったけど、テレビの世界で爪痕を残し、それはそれで人生トータルなら成功者。そういうふうに考えれば、彼の人生というのは素晴らしいなと。

捨て身の男、栗山英樹

じつは長嶋一茂の1年目のキャンプの同部屋は栗山英樹だった。しかし一茂の破天荒ぶりについて、栗山が何か言っているのを聞いたことがない。栗山はあんまりぼやかないタイプだった。

「1年目の時、おまえがもうちょっと一茂を教育しておいてくれたら」と思ったけれど、ひょっとしたら1年目は猫をかぶって一茂は何もやらかさなかったのかもしれない。今度、栗山に会ったら聞いてみようと思う。

そんな栗山は今やもう世界一の監督になってしまった。彼の活躍には感慨深いものがある。彼のヤクルト入団は1984年だった。私より4つ年下で、同期入団は高野、池山、橋上、桜《さくら》井《い》伸一《しんいち》たち。栗山はドラフト外での入団だった。

選手としての彼はまさに努力の人だった。体は華奢で右打ちの内野手で、私とはポジションも異なる。国立・東京学芸大学を出ていて「頭がいい人なんだろうな」とは思ったけれど、あんまり目立つタイプでもなく、彼をライバルだと感じたことはなかった。

そんな彼が外野手としてゴールデングラブ賞を獲得したのは1989年。彼のプレーですごいのは、ボールを怖がらないんだ。とにかくボールに向かっていく、その姿勢、気持ちは凄まじいものがあった。バントをやっても、自分に当たりそうな危ない球を投げられてもきっちり仕留める。マシンを相手にバントをやっている時に鼻に当たって骨折したこともあるのに、そういうことがあってもへこたれない。

1度、地方球場での試合でセンターを守っていて、フェンスに激突しながらダイビングキャッチしたことがある。まさに捨て身のプレーだよ。バッティングも素晴らしく、本来は右打ちなのだが、若松さんの指導の下、スイッチヒッターにも挑戦。1988年には規定打席には33打席足りなかったが、打率・331を記録した。メニエール病を患いながら、攻撃に守備に大奮闘する姿は感動的ですらあった。

リーダーの資質

彼がまさかWBC日本代表の監督として日本を世界一に導くまでの人物になるとは思わなかった。入団時から頭がよくて、本もよく読んでいたし、研究熱心ではあった。選手としては大成できなかったかもしれないけれど、リーダーの資質があったのだと思う。

彼が日本ハムの監督で、私もヤクルトの監督だった時は交流戦で会うと彼が尊敬する三原さんであったり、中西さんであったりの話をよくした。彼は時間を忘れるぐらい話をする。彼の独自のリーダーシップやメッセージ力は、キャスター時代に野球界だけじゃなく、いろんな分野の人に取材し、学んだことで培われたのだろう。

WBCで、ヤクルトの選手を選ぶ時もわざわざ私のところに連絡をよこしたり、村上がああいう形で4番を外れたことに関しても、後で「小川さん、すみません。こうこう、こういう理由で」と説明もしてくれた。

ＷＢＣ優勝後、凱旋帰国する選手たちを迎えに成田空港に、私と衣笠会長とで行った。その時も栗山は「ありがとうございました」と来てくれた。他球団の選手を預かっているという意識が強くあったのだろう。

ちなみに、その際、村上から、お土産と一緒に、「小川ＧＭ、僕、やりました。本当にきつかったです、でもやりました！　シーズンも頑張ります！」というのはなかった（笑）。

世界一監督が歩んだ珍しいルート

しかし、栗山が歩んできたルートというのも珍しい。選手時代の実績で彼を上回る人はたくさんいる。そんななか、現役引退後はテレビでキャスターを務め、日本ハムの監督を10年やり、ＷＢＣ日本代表監督となり、世界一。

現役時代の成績がイマイチだった人が指導者になるケースはメジャーではそれほど珍しいことではないが、日本球界ではあまりないケースだよ。メジャーリーグの場合は、成績を残したメジャーリーガーは現役時代にたくさんお金を稼ぎ、年金もふんだんにもらえるので、引退後はあくせく働く必要がなく、労働意欲が薄れるといった背景はあるにせよ。

栗山と並べたらおこがましいが、私も現役時代にはたいした成績を残していないにもかかわらず、引退後ありがたいことに2度も監督業をやらせてもらっている。

ＷＢＣの準決勝で放った村上の決勝打、そして決勝戦のホームラン。あれらの一打の背景に決してプロ野球選手としては華やかな成績を残さなかった、花咲かなかった指導者がいたというのは、なんだろうな。人生はどこでどうなるかわからない。

野村克也監督

関根監督体制は結局3年（１９８７〜89年）続き、１９９０年、次に監督となったのが野村克也さん。万年Ｂクラスの雰囲気がガラッと変わったのは野村さんが監督になってからだった。

私自身は野村監督と2年、選手でやらせてもらったけれど、これまでの監督と大きく違ったのはミーティングを重視していたことだった。最初もミーティングからスタートして、ユマキャンプでも毎日ミーティング。まず話されたのは、長嶋茂雄さんと王貞治さんのことだった。

彼らはレギュラーでありながら、オープン戦の時から常に手を抜かず試合に出続けたと。オープン戦の時から出続けるということがどんなに大変なことか、そして、それがプロであるということをこんこんと話されていた。対外的にはすごく長嶋さんのことをライバル視というか敵意むき出しで語っていたけれど、本当は誰よりも長嶋さんのことを認めていた。

ミーティングは毎日1時間ほどで、野球とまったく関係ない話も交えて、実にいろんなテーマでどんどん話が進んでいく。とにかく毎日ミーティングする監督なんてこれまでいなかったのでびっくりした。

ミーティング内容は『野村ノート』という本にくわしく出ているけれど、精神論はあまり話さなかった印象がある。野村さんからすると、プロである以上、心構えや精神的な部分は持っていて当たり前だというところからスタートしていたようだ。根性はもちろん必要だが、そのあたりのことはプロである以上は当たり前だというね。バントでもそう。バントはできて当然という前提だった。

野村さんはヤクルトの監督になる前の解説者時代から〝野村スコープ〟を使った配球論が有名で、選手たちも身構えていた部分もあったと思う。それまで首脳陣が配球のことにミーティングで触れることはあっても、野村さんほど口酸っぱく言う人はおらず、最終的には選手が各々判断して活用していた。

池山なんかは野村監督就任に戦々恐々としていたらしい。前任の関根さんとは真反対。だけど、池山にすれば、ブンブン振っての時代があり、頭を使った野球に新しく出合い、タイミング的にはよかったんじゃないかと私は勝手に思っている。

生涯忘れられない打席

私自身は配球について、深く考えたことがなかったから、結局野村監督から求められたものに対して、応えきれなかった。ただ一度、配球の読みのすごさというか、野村監督の教えのすごさに驚いたことがある。

ある巨人戦の終盤、1対3で負けていた。相手のピッチャーは左の宮本和知《みやもとかずとも》で、私はその前の2打席で三振していた。3打席目、バッターボックスに行きかけた時に野村さんに呼び戻され、「おまえは何年野球やってるんだ。キャッチャーの山倉《やまくら》（和博《かずひろ》）の性格を考えてみろ」と言われた。

前の2打席はともにカーブで三振していて、「おまえ、必ず初球は真っすぐが来るから、あとは全部カーブを狙っていけ」と。自分としては真っすぐを狙いたいけど、カーブを狙えと言われている以上、真っすぐを打ったらまずいよな——そんなことを思っていたら、1球目に本当に真っすぐが来た。ストライクだった。

指示どおり見送ったあと、2球目からは3球連続でカーブ・カーブ・カーブ。それが全部ボールだった。カウントはスリーワンになって、5球目はまた真っすぐ。「ここで真っすぐを打ったらやっぱり言われちゃうよな」とか「真っすぐを狙っていって、カーブを空振りしたら怒られるからな」とか、バッターボックスの中でいろいろな考えが駆け巡る。

しかし、カーブ狙いは監督の指示。自分の考えは脇に置いて、「しょうがない、カーブを狙うか」と決意して迎えた6球目はカーブ。「来た！」と思って振ったら狙い過ぎて、ファウルになってしまった。カウントはスリーツーのフルカウント。

それで、次の7球目はまたカーブ！　今度は見事にとらえてレフトスタンド一直線。同点の2ランホームランとなった。ベンチに帰って来たら、「みろ、言ったとおりだろ」と野村監督。

正直、感服した。その試合自体は次の回にうちの左ピッチャー乱橋幸仁《らんばしゆきひと》が川相昌弘《かわいまさひろ》に勝ち越しホームランを打たれて、負けてしまったけれど、生涯忘れられない試合、打席となった。

しかし前述した野村さんの言葉「山倉の性格を考えろ」というのは衝撃だった。ミーティングの中でも常々、配球に関して、キャッチャーやピッチャーの性格面にまで踏み込んで分析していた。

キャッチャーにはその日の投手の一番いい球をベースに配球を考える人などさまざまなタイプがいるが、野村さんは山倉さんを打者の苦手なところを徹底して攻めるタイプのキャッチャーだと判断していたのだろう。

キャッチャー山倉の性格を分析し、1打席目、2打席目との絡み、流れの中ではじき出した3打席目の配球の読み。それもすごいけれど、それ以上に、レギュラーではなく、たまにしか打席に立たない私の1打席目・2打席目の配球まですべて頭の中に入れていることが、改めてすごいなと思った。

野村ＩＤ野球が弱小チームを変えた！

野村監督時代、私の役割はほぼ代打でベンチにいることが多かったから、野村さんのつぶやきをよく聞いていた。「次は牽制、次は真っすぐ」とか相手投手の次の投球を口にする。最初の頃はあてずっぽうだろうくらいに思っていたら、実際にそのとおりになる。

やっぱり野村監督はすごいというふうにだんだんなっていき、「野村さんに付いていったら優勝できるんじゃないか」とみんなが思い始めた。少なくとも「野村さんの言っていることを理解して、ちゃんとやっていったら勝てるんじゃないか」という気持ちは芽生えたんじゃないかな。

そうなってくると、万年Bクラスが染みついていたチームに活気が出てくる。チームよりも自分の個人成績を大事にしていた選手が、優勝に対して、目の前の試合に勝つことに対して本気に、純粋になってくる。元気になってくる。これは今までのチームにないことだった。

チームの雰囲気は変わった。実際、野村監督が就任して、1年目は5位、2年目は3位、3年目には球団として14年ぶりにセ・リーグ優勝を果たし、4年目は初の連覇と15年ぶりの日本一に輝いた。

野村監督と古田の師弟関係

野村ヤクルトの躍進を語る上で、やはり古田敦也の存在は欠かせない。彼は入団して最初の頃はベンチを温めていて野村さんの横にずっといた。配球論を勉強する期間だったと思う。開幕から3週間ほど経った頃から秦真司《はたしんじ》に代わってスタメンで出始めた。

レギュラーになってからも、おそらく本当に耳にタコができるぐらい、配球の教育を受け続けていたんじゃないかな。ただ、古田も野村さんの厳しい指導と高度な理論に付いていけるだけの精神力と頭脳の持ち主で、それをちゃんと処理し、自分に落とし込んで実行できていたのだからすごい。

彼は2年目の時、キャッチャーにして首位打者を取っている。聞いたところによると、相手バッテリーの配球を8割方当てていたという。

配球が読めていたらバッターはかなり有利になるが、読めていたって必ずしもヒットを打てるとはかぎらない。それをちゃんとヒットにするんだからバッティング技術もすごかった。1年目の打率・250だったのが、2年目は打率・340。3年目には打率・316で本塁打を30本も打っているんだから急成長だ。

ヤクルト黄金時代到来

野村効果は主軸を担っていた池山や広沢にも間違いなくあった。今まではみんな自分の力、能力で打っていたが、打席の中で配球を読むという習慣が染み付いていった気がする。チーム全体に「相手バッテリーの配球」という概念が徐々に浸透していった。

一方、投手陣もこのころ充実していた。低迷期を支えた尾花も引退間近ながらまだチームにいた。尾花なんかは頭を使うタイプのピッチャーで、「もっと早くに野村監督に出会いたかった」と話していたという。

ドラフトの成功もあって、ギャオス内藤、川崎憲次郎、西村龍次《にしむらたつじ》、岡林洋一《おかばやしよういち》、髙津臣吾、石井一久、伊藤智仁、山部太《やまべふとし》といった好投手がそろっていた。日本人だけでローテーションを組めるぐらい、この時期、ピッチャーの層は厚くなっていた。ここにケガからの復活組、荒木大輔、高野光、伊東昭光が加わるのだから、見事な充実ぶりだったといえよう。

毎年誰かがケガでシーズンを休み、全員がなかなかそろわないというヤクルトらしさ（？）はあるものの、主だったピッチャーとして尾花、梶間さんしか名前が出てこなかった時代から大きく変わった。

しかし、私自身は結局、野村政権3年目、ヤクルト14年ぶりのセ・リーグ制覇の年は日本ハムにトレードとなり歓喜の瞬間を味わうことはできなかった。

この日本ハムへの移籍、本当はトレードではなかった。実際は戦力外といわれていて、スカウトはどうだという話を球団から受けていた。それでスカウト転身の決意を告げ、次なる指示を待っていると、球団から「日本ハムの監督になった土橋さんがおまえを欲しがっているから」という話が舞い込んだんだ。

「えっ、あの土橋さんからのリクエスト!?　三振ばかりの私をさんざん叱りつけていたあの土橋さんが!?」

それでも戦力外通告を受けて引退の決意を固めていたこともあり、「もうそういう気持ちでいるのでスカウトのほうでお世話になりたいんですけど」と言うと、「まあまあ、そういうふうに言わんと、勉強だと思って行ってこいや」と球団から言われてしまった。

そんなことで、思いがけず、1992年から日本ハムでプレーすることになった。トレードは日本ハムの角盈男《すみみつお》さんとの1対1。でも角さんがヤクルトに来ることは前から決まっていたみたいで、タイミングとしてトレードの形になったらしい。トレードは後付けだった。

日本ハムと土橋監督

思いがけず、日本ハムで現役を続けることになったが、一度切れた現役選手としての気持ちをもう1回入れ直すのは難しかった。そして、移籍先の日本ハムにもなかなかなじめなかった。土橋さんの江戸っ子気質は日本ハムの監督になっても変わらずで、正直、選手ウケがそんなによくない。日本ハムの選手たちは、私が土橋さんとすごくつながっているように感じていたらしく、「いや、全然関係ないんですけど」と言っても、日ハムの選手から「(土橋監督を)何とかしてよ」と言われてしまう。

私は日本ハムでは当時42歳の大島康徳《おおしまやすのり》さんの次、チームで2番目に年上だった。その下の連中がけっこう曲者が多く、彼らは別に悪い人間じゃないんだけれど、土橋さんに対する不満がこちらにきて、私への風当たりが強かった。

結局、土橋さんがいろんな考え方の下、推し進めようとしていた野球が選手たちに合わなかったから不満が出たのだろう。くだらないといったら土橋さんに怒られてしまうけど、キャンプで攻守交代の練習をやったりしていた。攻守交代を全力でやれ、急いでベンチに戻れ、急いで守備位置につけと。

土橋ヤクルトの時代も攻守交代は全力だった。とにかく日ハムの選手にはそれがもう苦痛で、みんなからブーブー言われた。なんで攻守交代をこんなに練習しなきゃいけねえんだよ、って。たしかに夏のクソ暑い時に攻守交代を全力でやったら、先頭バッターを務める野手なんかはたまったものじゃない。

土橋さんは普段はすごく温厚な方なのに、ユニフォームを着ると別人。見逃し三振とかすれば、もうとにかく「バカヤロー！」と江戸っ子気質が出る。そこはヤクルト監督時代から変わっていなかった。

1試合にエンドランを10回ぐらい仕掛けたり、きっぷのいい野球というか、博打みたいな作戦を仕掛ける。そんなのも不満の1つだったと思うけれど、少なくとも前任者（近藤貞雄《こんどうさだお》さん）の野球とは良くも悪くも大きく違ったみたいだ。

現役引退

それでも移籍1年目、開幕戦はスタメンで出場した。一度は萎えた気持ちを奮い立たせ、頑張ろうとやっていたが、腰の不調とケガがあり、それを我慢して続ける気力がもうなかった。

正直、私は体が丈夫なだけでずっとプロ野球でやらせてもらったようなものだったから、体の不調は致命的。結局、1年で日本ハムを退団し、11年間の現役生活にピリオドを打った。ちなみに土橋監督は選手との関係悪化をフロントが憂慮し、契約を1年残して解雇された。

日本ハムに在籍した1年は、野球をやる上においてはあんまりいい1年ではなかったけれど、決して無駄な時間でもなかった。いろんな人と人脈というかつながりを持つことができたし、単純に慣れた場所を離れ、別の場所に身を置くというのはそれだけで意味のあることだった。

プロ野球の球団というのは全部一緒のような認識があり、ヤクルトに10年いたので、ヤクルトがもうプロ野球のすべてだと思っていた。だけど、よその球団に行ってみたら、やっぱり球団によって違う部分は違うんだなというのがよくわかった。

当時の日本ハムの本拠地は東京ドームで、ヤクルト時代と生活環境はあまり変わらなかった。日本ハムの雰囲気はヤクルトよりも自由だった。ヤクルトは自由な雰囲気のチームと思われがちだが、少なくとも私がいたころは決してそうではなかった。

関根監督時代もプレーをのびのびやらせてもらっただけで、結構管理されていて、時間に関してはめちゃくちゃ厳しかった。破ると罰金を取られたし、移動も必ずスーツ着用だった。

しかし、日本ハムでは、キャンプに行ったら、「おい、今日は夜間練習は何時から？」って聞くと、「いや、自由ですよ」とか言われて、「へ？」ってなった。それで、みんなパチンコに行っちゃう。「いいの、おまえら、パチンコに行っちゃって？」「やりたいやつはやるんで」と当時はそんなだった。門限はあっても、罰金はなかった。

ちなみに、ヤクルトと日本ハムは今でこそ東京と北海道という具合に距離的に大きく離れてしまったが、二十数年前まで同じ東京を本拠地としていたこともあってか、トレードを含めた人の交流が盛んである。

ヤクルトと日本ハムの両方につながりのある人というのは私だけではない。土橋さん、高田《たかだ》繁《しげる》さん、栗山、荒木、橋上、稲葉《いなば》篤紀《あつのり》、城石、谷内《やち》亮太《りょうた》……さっと思い浮かべただけでもかなりの人がいる。

特別な友好関係があるというわけではないが、行き来する人の数が増えると互いに知り合いが増え、自然と交流が多く、つながりは太くなるのだろう。フロント同士の話しやすさというのはあるかもしれない。

2023年のWBC日本代表は両球団に縁のある人が多く、さながら「ヤクルト・日本ハムサムライJAPAN」みたいなところがあった。

結婚秘話

まったくの余談だが、私はプロ2年目のオフに結婚した。じつはその相手は巨人の本拠地・後楽園球場のリリーフカーを運転していた女性だった。

彼女はアルバイトでリリーフカーに乗っていた。人を介して知り合ったのだが、その仲介者とは、同じヤクルトのリリーフ投手の立野《たちの》政治《まさはる》さん。立野さんは日本楽器出身の2個上の先輩。非常にモテる方で、立野さんに、「リリーフカーの子にお茶飲みに行くように言ってくださいよ」とお願いしていた。

私自身は野手でリリーフカーに乗ることはないので接点がない。また先発投手もリリーフカーには乗らない。中継ぎの立野さんは、リリーフカーを運転する彼女と話すチャンスがあったのだ。

ただ、立野さんはモテるのだけど、無口な人。お願いしたところで絶対に言わないと思っていたら、本当に実行してくれた。シーズンの最終戦で。リリーフカーガールのお仲間とかとグループでお食事する機会を設けてもらい、そこから交際が始まった。

立野さんは社会人時代から知っていて、他にそんなことをお願いできる人はいなかった。ヤクルトの中でも習志野高校、中央大学、河合楽器の球歴のラインの中でつながっている人はあまりいなかった。武上四郎さんとあとはキャッチャーの君波隆祥《きみなみたかよし》。君波は中央大学の1個下で、彼は大学からヤクルトに入団していて、私より1年前に入っていた。

それにしても、ライバル球団側の女性に誘いをかけ、妻にするとは、いささか私の性格に似合わない大胆な行動だった。

第4章　育つ選手、挫折する選手

正しい努力

1992年、私は11年間の現役生活に別れを告げた。通算成績は940試合に出場し、412安打、本塁打は66本、打率は・236。当時、やるべきことはやったなという思いはあったけれど、後で考えたら、ただ漠然と努力していただけで、あまり意味のある努力じゃなかったなととても後悔した。

のちに指導者になったときに若手選手に「目的意識を持て」とか言ったけれど、自分が現役のときそうしていたかといったら、そんなことは一切なかった。一生懸命やることだけは一生懸命やった。やったつもりではいるけど、やっぱり全然足りなかったなと思っている。量じゃなくて質に関して。

野村克也さんから言われたことで一番印象に残っている言葉は、「正しい努力をしろ」だった。無駄な努力でも必要な時期はあり、無駄なことがいっぱいあるのが野球だと思っている。ただ、そうは言っても、ある一定のレベルにきたら正しい努力を自分で考えて見つけてやっていかなければいけない。

今やっていることは正しい（方向性の）努力なのか、無駄な努力なのか——その判断、見極めは一概に何が正解とはいえないが、絶えず自分に問いかけ模索していく姿勢が大事であることは間違いないだろう。

スカウトへの転身

日本ハムに移籍する前にヤクルトでスカウトという話があったというのは、前述したとおり。そういう口約束をした後に他球団へ行って、なかなか戻って来られない人がいるという話を周りから聞いていたため不安だったが、ヤクルト球団に「すみません。１年で日本ハムを退団することになりました」と報告すると、ではスカウトでという話を再度していただいた。

１９９３年、スカウトとして野球人生の再スタートを切ったが、スカウトの仕事に関する知識はゼロ。当時スカウト部長は片岡宏雄《かたおかひろお》さんで、実際の仕事は塚本悦郎《つかもとえつろう》さんという年配のスカウトにくっついてイチから学んでいった。

私の担当は関東全般と新潟だった。スカウト1年目の私が初めて担当したのがドラフト３位で指名した中央学院大学の度会博文《わたらいひろぶみ》だった。昨年、ＤｅＮＡにドラフト1位で入団した度会隆輝《わたらいりゅうき》のお父さんだ。

度会は千葉大学リーグで平均打率が4割を超えていた。打率4割というのは、リーグのレベルに関係なく、かなりバッティング技術が高くないとできないこと。私が見に行くと、度会はとにかく元気があって、1人で声を出していた。

打った・打たないの印象よりもその印象が強く、明るくてバイタリティがあった。技術だけでなく人間性のチェックもスカウトする上では大事なポイントだが、実際は人間性というのはスカウトレベルではわからない。

周囲の関係者にその選手のことを聞きに行ったところで悪いことは言わない。だから、調査はするけど、どこまで信ぴょう性があるのかとなると、本当のところは入団してはじめてわかるというのが実情だ。

逆指名制度

翌年、1994年は宮本慎也(プリンスホテル)と稲葉篤紀(法政大学)を担当した。宮本はドラフト2位の逆指名だった。逆指名とは事前に球団と選手が接触し、選手にどの球団に入るか決定権があるという制度(2006年を最後に廃止)だ。

この年のドラフトは少し波乱があった。ヤクルトはドラフト1位で北川哲也《きたがわてつや》投手(日産自動車)から逆指名されたのだが、北川は本当はロッテへの入団がほぼ決まっていた。ヤクルトはその年、秋田経法大付属高校の小野仁《おのひとし》投手を指名する予定だったが、彼は社会人入りを表明。そんな事情が背景にあるなか、北川がロッテとの話を反故にし、突然ヤクルトへ行きたいと言いだした。

彼がなぜそう言いだしたのかはわからないけれど、ロッテにすればとんでもない話。結局、北川サイドの望みどおり、ヤクルト入団となったが、逆指名制度の中では、水面下でいろんな駆け引きがあった。

ドラフト会議でのハプニング

今はテレビ中継もあり、すっかりショーアップされて華やかになったドラフト会議。スカウトとしては1年の活動の集大成であり、一番大事な日だ。

どの球団もどういった選手を獲得するかはある程度事前にプランを決めて会議に臨むわけだが、現場では思いがけないドラマや波乱がテレビには映らないところで起こっていたりする。

私もいくつかそういったハプニングに遭遇した。

他球団の指名する選手というのは基本的に予測できないけれど、球団上層部同士で仲のいいところは、ある程度出来レースに近いものが当時はあった。

北川、宮本を獲得したのと同じ１９９４年のドラフト会議。ヤクルトはドラフト３位で稲葉を指名した。これは当初の予定にはない指名だった。１、２巡目の逆指名が終わって昼食を取っている時に、野村監督がいきなり「３巡目は稲葉でいこうか」と言い出し、急遽決定したのだ。

しかし、稲葉に関しては、彼が3年生の時まで法政で監督をやっていた山本泰《やまもとやすし》さんがその時、近鉄のスカウトになっていて、近鉄が稲葉を3位で指名するという話ができていた。それをヤクルトが横取りする形になった。

稲葉は東京の法政大学ということで、私のテリトリーの選手。誰を指名するかは極端な話ドラフト当日までわからないのだが、いざ指名して拒否されることのないように事前にそれとなく探りは入れている。とはいえ、スカウトが直接、選手と接触してはいけない。

彼は覚えていないかもしれないが、ちょうど室内練習場でバッティングをやっている時に、私が窓越しに「ヤクルトのスカウトの小川だけど、うちが指名したら来てくれる?」と独り言のように聞いた。そうしたら彼は「僕はどこでも行きます」。そんな答えをもらっていたから、稲葉をリストに残しておいたのだ。

結局、ドラフト3巡目は近鉄よりヤクルトのほうが指名する順番が早かったため、うちが先に取ってしまった。

2人の「小林」事件

近鉄からの〝強奪〟は稲葉だけじゃない。翌1995年も同じようなことが起こった。近鉄が指名する予定だった石井弘寿《いしいひろとし》投手（東京学館高校）をうちが先に取ってしまった。でもこの指名には話の行き違いがあった。

私はドラフト会場内にはおらず、人から聞いた話。その年、小林幹英《こばやしかんえい》投手（専修大学）と小林聡《こばやしさとし》投手（水戸農業高校）という、同じ小林姓の大学生と高校生のドラフト投手候補がリストアップされていた。

4巡目指名の際、当時のヤクルトの球団社長が「石井と小林はどっちが上なんだ」とスカウトたちに聞いたという。球団社長がいう「小林」をあるスカウトは専修の小林だと思い、別のスカウトは水戸農業の小林だと思った。

実際に球団社長に答えたスカウトは水戸農業の小林だと思っていたほうで、「そりゃ石井のほうが上ですよ」といい、石井弘寿を指名することになった。

私は石井の担当だったが、事前にリストには載っているものの近鉄が4位で指名するからうちは指名しないといわれていたので、何も用意していなかった。指名したら学校の監督にすぐ電話を入れなきゃいけない。そうしたらドラフトの会場で、「ヤクルト石井弘寿」と言っているからびっくり。

近鉄サイド激怒の場面なのだけれど、当時の近鉄のスカウト部長とヤクルトのスカウト部長の片岡さんがすごく仲良かった。内密の話はしているけれど、発言権を持つ球団社長や監督が突然方針転換する状況になっちゃったらお互いにしょうがないよねと話は収まったらしい。

ちなみに専修の小林幹英も関東だから私の担当だった。スカウトは指名するということを本人に公には言えない。それでもドラフト前に小林幹英のところに行って、「縁がありましたらよろしくお願いします」と言って帰ってきたが、当の本人はもう指名されるものだと思っていたらしく、ドラフト後、怒られてしまった。

怒られたというか門前払い。この年、他の球団も小林幹英にはそれとなく指名をにおわせていたはずだが、なぜか彼はどこの球団からも指名されなかった。だから怒っていたのはヤクルトに対してだけではなかったとは思う。スカウトは恨まれるのも仕事の1つとわかった。

結局、水戸農業の小林はこの年、ドラフト6位で巨人が指名、専修の小林は社会人野球のプリンスホテルに入団、2年後の1997年のドラフトで広島から4位指名をうけ、入団1年目に新人特別賞を受賞するなど大活躍した。

宮本慎也

本当にドラフト会議の現場では短時間のうちに想定外のことが起こるからいろいろなドラマがある。

どの球団にも事前に用意したリストとプランはあるものの、どこかの球団に上位指名されると思っていた選手が下位まで残っていたり、予定していた選手が直前で他球団にとられたり、そのことによる玉突きなど、想定外のことが起こる。監督や球団社長らの鶴の一声でプランがひっくりかえることもある。

そういう意味でいうと、逆指名制度はくじ引きではないので、球団としてもある程度計算を立てることができた。宮本慎也のケースがそう。それにしても彼が2000本安打を打つまでの選手になるとは最初は思わなかった。古田もそうだけど、大学・社会人を経てのプロ入りで達成するんだからすごい。

当時それまでショートを守っていた池山隆寛の後釜を野村監督が探していた。社会人ナンバーワンショートの評判どおり、宮本の守備は際立っていた。野村監督は守備専門の〝自衛隊〟

なんて言っていたけれど、実際に宮本に打撃はあまり期待していなかった。そうはいっても、彼は同志社大学の時に関西学生リーグで首位打者を取っていたから、打撃のセンスや技術を本来持ち合わせてはいたんだと思う。

プロの野手として非力だった彼があれだけのバッターになったのは本人のナニクソという思いと努力、そして頭を使うという工夫だった。守備は名人芸、打っては2000本安打達成、北京オリンピックなどでは日本代表のキャプテンを務めるなど、誰もが認める名選手になったことは今でも驚きである。

稲葉篤紀

法政大学から入団した稲葉も2000本安打を打って、引退後はサムライジャパンの監督として東京オリンピックで日本を金メダルに導いた。偶然だが、同じ年に宮本と稲葉、2000本安打で名球会入りする選手を2人も担当できたことを誇りに思っている。

アマチュア時代から2人は高く評価されていたから、自分が発掘したなんて思いはない。正直、なにがなんでも獲得して自分のスカウトとしての実績にしたいという思い入れがあったわけでもない。「この選手を絶対とってください」なんて言える立場でもなかった。

稲葉のことは、ヤクルトの佐藤孝夫《さとうたかお》スカウトが「東京六大学の中でも上位にランクされる強打者。大きいのも打てるし、確実性もある。左打者だが、サウスポーも苦にしない」と言っていた。

本来3位より上の順位で指名されてもおかしくなかったが、当時彼が守っていたのはファースト。ヤクルトも含め、どの球団も大体ファーストは外国人選手のポジション。そのあたりの兼ね合いもあって、評価はしていても指名となるとそんなに高い順位ではいけない。

それでもヤクルト入団後、すぐにファーストからライトへポジションチェンジし、日本ハム時代はゴールデングラブ賞を何度も取ったのだから、彼には高い順応性があった。

アマチュア球界との関係

スカウトの話になると、囲い込みの話題がいつも出る。囲い込みにはネガティブなニュアンスがあるが、当時は逆指名制度の時代。逆指名とはいかに囲い込みできるかであった。ダイエーに入った小久保裕紀《こくぼひろき》とか井口資仁《いぐちただひと》とかは囲い込みの最たる例。

今は普通にくじ引きなので、日本ハムが原前巨人軍監督の甥の菅野智之投手指名に突撃したりもする。今は志望届があり、プロに入ります、指名されたら行きますという届けを出さないと指名できない。ということは、どこの球団に指名されても入るという捉え方になっている。

だからといって厳密には必ず指名された球団に入らなきゃいけないというわけでもない。実際に意中の球団じゃなかったら嫌だということで、長野久義《ちょうのひさよし》や菅野は拒否している。

正直、昔は、阪神は慶応の選手が好きとか、東海大相模の選手は原の関係もあって巨人にいくとか、逆に横浜は東海大相模より横浜高校の選手にいくというような人間関係のつながりのラインのようなものがあった。しかし、今はほとんどない。

ヤクルトの場合、同じ大阪の強豪でも履正社はいくけど大阪桐蔭はいかないみたいにいわれるがそれもたまたま。傾向があったとしても、偶然の巡り合わせでその学校に縁がなかったということ。

ただ、ヤクルトでいえば駒澤大学と立教大学とは、片岡さんの時代に入団拒否の出来事があったことで、疎遠になってしまった部分というのはある。でも今はその影響はほとんどない。ただ、どの世界でも多少はグレーゾーンというのはあるでしょう。

駒澤大学の太田監督

スカウトの仕事をしていて、担当した選手が活躍すれば無上の喜びがある半面、しんどい思いをするときもある。やっぱり難しいのは人間関係だ。

1994年、この年の目玉選手は駒澤大学の河原純一《かわはらじゅんいち》投手だった。正式発表はないが、河原は逆指名でのジャイアンツ入りがほぼ決まっていた。このころ駒澤大学とヤクルトは疎遠。しかし、スカウトとしては駒澤大学に挨拶に行かなきゃいけなかった。

私は駒澤の寮の前で、車の中で1時間ぐらい、どうしようかと迷っていた。それでも意を決して、駒澤の太田誠《おおたまこと》監督に電話して会いに行った。すると、太田さんは「ああ、よく来てくれたな」と受け入れてくれた。

駒澤と私の母校・中央大学は同じ東都リーグ所属。東都の絆は強い。一緒にやらせてもらっていたので、太田監督はもちろん私のことを知っていただいてはいる。駒澤の門をたたくのは勇気のいることだったが、「おまえ、東都の先輩としてよく来てくれた。河原にちょっと話をしてやってくれよ」と太田監督に言っていただいたときはホッとした。

嬉しかったし、スカウトとして職務を果たせたし、すごくいい経験だった。迷ったときにはやっぱり行動に移さなきゃだめだと実感した。

でも本当に迷った。河原はすでにジャイアンツにほぼ決まっているわけだから別に会いに行く必要はない。だけど、過去にヤクルトとトラブルがあったにせよ、私も東都でやらせてもらっていた人間、その年のナンバーワン投手を抱えた駒澤の太田監督に挨拶ぐらいしないんじゃスカウトとしてだめだろうと思った。

「おまえ、何しに来たんだよ」と言われることを覚悟で行ったから、「よく来てくれた」という太田監督の言葉はありがたかった。

獲得したかった選手

当時、スカウトの末席にいた私に、ドラフトで誰を指名するかの裁量権、決定権はない。それでも、3年間のスカウト時代でこの選手を獲得したかったという人はいる。

１９９５年、広島カープにドラフト1位で入団した市立銚子高校の長谷川昌幸《はせがわまさゆき》投手。具体的になにがというよりも、体型も投げ方もすべてがザ・ピッチャーという感じで、とにかくいいピッチャーだなと思った。将来的にプロで活躍するだろうという思いをすごく強く抱いた。

この年のドラフト、ヤクルトは1位指名においてまず福留孝介《ふくどめこうすけ》（ＰＬ学園）にいって、澤井良輔《さわいりょうすけ》（銚子商業）にいって、２人外れて三木肇《みきはじめ》（上宮）を1位指名した。

思いもよらずスルーしてしまった大物というか、大化けを予見できなかった選手というのもいっぱいいる。たとえば修徳高校の高橋尚成《たかはしひさのり》。

彼はのちに駒澤大学、東芝と進み、巨人にドラフト1位で入団。最後はメジャーリーガーになった。高校時代の彼は１３０キロ出ないぐらいで目立たなかったが、あんなに成長するんだと驚いた。

剛速球で打者を牛耳るようなタイプじゃないけれど、大人になるにつれ体がしっかりしてきて、球速も上がった。上がっても１４０なんぼだけど、無理のない素直なフォームで素晴らしい投手に成長していった。

選手の見極め方

高校生ぐらいだとまだ体が成長途中で、性格面も含めて素材の良さを見極めるのはなかなか難しい。ただ、スカウトになりたての頃、母親を見ろというのは先輩からすごく言われた。たとえば母親の体格がよかったらもっと体が大きくなる可能性があるというのだ。

当時、前出の城之内さんがロッテから巨人に移っておられた。他球団の方ながら同じ千葉県出身で、私が高校生の時、わざわざ家に来てくれていたという縁もあり、かわいがってもらっていた。その城之内さんはドラフト有力選手の家にどんどん行って母親をチェックされていた。選手の母親を見るというのは、当時スカウト連中の間ではなかば常識になっていたし、他球団のスカウトとのちょっとした情報交換なんてのも親しい間柄の中ではあった。

私が野手にしろ投手にしろ選手をチェックする上で大事にしていたことの1つは体のバランスだった。走っているとき、打っているとき、投げるときのバランス。そして体の軸の使い方を重要視していた。

とはいっても、選手を見極めることは難しい。パッと見、大きい人よりも小さい人のほうがセンスがあるように感じたりする。動きもいいし、器用になんでもこなすし、見栄えがすごくいい。大きい選手よりよく見えてしまう。

中央大学の恩師、宮井監督は、「体の大きい者は不器用で技術を自分のものにするのに時間がかかるけど、それを自分のものにしたときにはすごい力を発揮する。それは小さいやつがいくら頑張ってもかなわないもの」と言っていた。持って生まれた体の大きさも才能。野村監督も「速い球を投げる、遠くへ飛ばすというのは天賦の才能」と言っていた。

スカウトとしては、他の球団がまだ気が付いていない優れた天性を持つ選手を見つけたいわけだが、昔の隠し玉みたいなのは、これだけ情報が瞬時に伝わるインターネット、ＳＮＳ全盛の今の時代じゃ考えられない。そして、いい選手は誰が見てもいい選手なんだ。隠しようがなく、隠れようがない。

昔は、例えば千葉だったら、千葉の高校野球の情報通の人に話を聞いて、「どこかにいい選手いない？　いいピッチャー」「ああ、成東高校にね」とか、そういう情報の取り方というのはあった。全国各地にアマチュア野球マニアみたいな人が結構いて、シーズンになったら高校野球とか大学野球とかをいつもチェックしている。

ただ私はそういう人たちとの距離感に関しては注意していた。変に売り込まれても嫌だし、あまり近くなりすぎると、やれチケットだ何だって頼まれる。だから、あまり深入りしないようにしていた。

人間性はプレーに表れる

人間関係の難しさなど大変なこともたくさんあったが、それでもスカウトはすごくやりがいのある仕事だった。担当した選手が成長し活躍する姿を見るのは嬉しい。その半面、早くにクビになっていく選手もいる。これはある意味、仕方がないことで、そういう選手を見て、さらにまたスカウト活動に生かそうと思っていた。

プロ野球選手として大成できるかどうかは、野球の技術だけではなく、人間性もとても大事。ただ人間性というのも難しく、性格が優しすぎてもだめだし、自分という軸をしっかり持っていないとだめ。選手がどんなパーソナリティーを持っているかの見極めは難しく、選手のプレーする姿から判断していくしかない。

プレーに人間性が表れるということは確実にある。打つ・投げるの直接的な動作だけでなく、打席での仕草だったり表情だったり、何かしら選手の姿から受け取れるものがある。

わかりやすいのは特に僅差での場面。練習試合ではバントを完璧にやるのに、勝負が決まるような終盤のここぞというときにバントを何回も失敗する選手がいる。1回や2回だったら全然かまわないが、それがたびたび起こるようだとやはりその選手はね、という判断になる。

技術は持っているのに、それをうまく発揮できないのは性格が多分に影響している。それでも見極めはなかなかできないけれど、とにかく観察しようとしていた。

やっかいなのは自分の先入観。極力、フラットな目で見ようとするのだけれど、ある選手に対して、「あれはだめだよ。使えないだろう」という周囲の話がいくつも入ってくると、どうしてもその選手に対しての先入観ができてしまう。

だから本当は、スカウトはだめなところを見たらスカウティングできないんだ。格好いいことを言うならば、いかにしていいところを見て、その選手のいいところを評価して指名するかという、これに尽きる。だけど、野球をやっている人間はどうしても欠点が見えてしまう。

球団が仕掛ける〝ブラフ〟

一方、前述した長谷川みたいな、ドラフト1位クラスの誰が見てもいいという選手がいる。そうなってくると、今度は見極めというより、いかに獲得するかという話になってくる。他球団とのけん制のし合いみたいな、ブラフみたいなものは各球団、戦略としてある。

スカウト部長を連れていくと本気度がバレてしまうから、あえて少人数で視察に行くとかね。その逆もある。ある選手をスカウト全員で見に行くも、実は全然評価をしていなかったり。

難しいのが、全員で見に行っても、全員が同じ評価にならないこと。そうなると非常に難しくなってくる。とにかく全員で行っているからその選手を指名するかといったら全然そんなことはない。

スカウト活動の仕方もややこしい側面がある。昔、ある高校にドラフトにかかるかどうか当落線上にいるキャッチャーがいた。諸事情から見に行く必要があって、夏の大会が終わってから学校に電話をして、「ヤクルトのスカウトの者なんですけど、練習を見させてもらえないでしょうか」と言って訪れた。

そうしたらもうそこでは、ヤクルトのスカウトが来て指名するっていう話になっちゃっている。それで、「そこまでのあれでお願いしたわけではないので申し訳ないんですけど」と断りの電話を入れた。今はそういうのはあまりないが、当時は、本人にも学校側にも本当にかわいそうなことになってしまうので、接触の仕方にも気を使わなきゃいけなかった。

スカウトのもう一つの仕事

スカウトの仕事は大きく分けると2つ。選手の力を見極める仕事が一つ、もう一つは〝囲う〟仕事。私がスカウトをしていた時代は、逆指名の時代だったから、囲う仕事も重要だった。これぞという選手を見極めても、選手は好きな球団であったり、条件面のよりよいところへ行ったりしてしまう。そうなったら、スカウトはもう手が出ない。

契約金の上限には規定があるけれど、大きな問題になったようにグレー部分があって、いわゆるお金のあるところが有利になる。いかに良好な人間関係を選手サイドと築いていても、それだけではつなぎ留められない。

こういった条件面での駆け引きは、西武やダイエーのフロントを歴任された根本陸夫《ねもとりくお》さんに代表される〝寝業〟というか、ある意味、反則ギリギリで、えげつなく泥臭い部分。実務能力やネゴシエーションの力が非常に重要だった。

大体、能力が高い選手は常時チェックしていなくてもいい。よっぽどのことがない限り、高評価は変わらないから。そうしたらあとは入団にこぎつけるための仕事を進めるわけだ。

根本さんの下で働いていた西武のあるスカウトの方がいる。私のことをかわいがってくれた3つ上のスカウトの世界の先輩で、この方は選手の視察に行ってもちょっと見ただけでスーッといなくなってしまう。どこに行ったのかと思ったら、選手の周辺を固める仕事をしに行っていた。

スカウトの仕事は見極め半分、ネゴシエート半分。ウェーバーになる3位以下の選手はまた話が変わるけど、それでも、本当に指名するときのために、一応来てくれるという約束を取り付けなきゃいけない。

今は逆指名制度がなくなり、やっぱりいい時代になったと思う。スカウトが選手の力量を見極めるという本来的な仕事により注力できるという点ではね。

2軍コーチ時代

1995年の秋、球団フロントから2軍の守備走塁コーチのお話をいただいた。現役引退し、スカウトを経て4年ぶりにまたユニフォームを着られるというのは素直に嬉しかった。私は38歳で、まだ選手と共に体を動かすことができる。

フロントからはまだそのことを言わないようにと口止めされていたが、ドラフト会議当日、野村監督から、「おまえ、来年からコーチをやるらしいな」と言われて、思わず「はい」と答えたら、「なんだ、おまえ、俺に全然挨拶ないじゃないか」と軽く叱られてしまった。

現役引退後、将来は指導者にという思いはあったが、私みたいに選手時代に大した実績を残していない者がなれるなんてまったく思っていなかった。のちに2軍監督の若松さんの指名だったと聞いた。大抜擢で本当にありがたかった。年内は新人の入団発表などスカウトの仕事をし、1996年の年明けからコーチとして始動した。

当時の2軍のコーチ陣は大橋穣《おおはしゆたか》さん、浅野啓司《あさのけいし》さん、梶間健一さん、杉浦享さんらがいた。コーチ陣の中で、トレーニングコーチの深澤英之《ふかざわひでゆき》を除くと私が一番年下。新米の守備走塁コーチとして、とにかく大橋さんにずっと付いて、一からコーチ修業を始めた。コーチのミーティングでも何一つ言わず、とにかく人の言っていること、やっていることを見て学んでいった。

大橋コーチと岩村明憲

私がコーチになって2年目の年に新人で入ってきたのは岩村明憲（宇和島東高校）。岩村はもともとキャッチャーだったが、プロ入り後すぐにサードに転向。重点強化指定選手として、連日居残りで大橋コーチからノックの嵐を受けていた。

当時、岩村はイースタン・リーグの試合でエラーを連発。西武に玉野宏昌《たまのひろまさ》というショートがいたが、2人とも捕球にもスローイングにも難があり、エラーばかりしていた。しかし岩村の身体能力は高く、足も速いし、肩も強い。着実に上達していった。

連日守備の特訓を受ける岩村の頑張りもすごかったが、私が驚いたのは大橋コーチのタフネスぶりだった。ノックを受けるほうも大変だが、するほうだって大変。なのに大橋さんはまったく疲れていなかった。

大橋さんは家でゴールデンレトリーバーを飼っているが、大橋さんが帰ると、あのでっかい犬が、机の下に潜り込んで逃げてしまう。散歩で引っ張り回され、走らされるからだったという。私より11歳上だから、当時51歳。50を過ぎても、大卒2年目の野村克則《のむらかつのり》（当時の登録名はカツノリ）なんかといきなり競争しても負けないくらい足が速かった。

小谷コーチの言葉

そんな大橋さんのもとでコーチ修業をしつつ、投手コーチの小谷正勝《こたにただかつ》さんからも指導者として大事なことを教わった。小谷コーチの言葉ですごく印象に残っているものがある。

「選手に安易にものを言っちゃいけない。選手の良いも悪いも全部把握した上でアドバイスをしなさい。欠点なんかは誰が見たってわかるんだから。本人だってわかっているのに、それをあえて指摘するんじゃなくて、良いときと悪いときと、じゃあどうやったらそれが傾向として良くなるか、そこまで考えてものを言いなさい」

非常に心に突き刺さる言葉で、実際に、小谷さんがどういう指導をするのかずっと観察していた。現役時代に特別実績を残したわけではない私がどうすればいい指導者になれるかということを模索、勉強しながら3年間コーチを務めた。

岩村は数年後、ゴールデングラブ賞を取るほどの守備の名手となった。こういうことがあるから、コーチングというのは面白い。

2軍監督時代

1999年、若松さんの後任として2年間2軍監督を務めた八重樫幸雄さんの1軍打撃コーチ就任に伴い、私は2軍の監督になった。

とにかく1軍に行ってもらうために、なるべく選手たちを平等に試合で使い、みんなにそういうチャンスを与えようと1年間やった。だが、結果は散々だった。

2軍の場合は勝ち負けどうこうではないが、1軍に推薦したいと思わせるキラリと光る選手が誰一人としていない1年になってしまった。いわゆる平等主義のやり方は失敗した。

そこで2年目からは方針を変更。選手一人ひとりの力量を正確に把握・評価をした上で、1軍に近い選手とそうじゃない選手を判断して、1軍に近い選手により多くのチャンスを与えていった。

そんななか、松坂世代の一人としてドラフト1位で入ってきたのが愛工大名電出身のピッチャー、石堂克利《いしどうかつとし》（現ヤクルトスコアラー）だった。「松坂大輔《まつざかだいすけ》以上の素材」とスカウトに高く評価されて入団したが、プロ入り後は度重なるケガに苦しみ、ちょっと気の毒だった。

伊東昭光投手コーチと、何とか石堂を1軍に上げるべくやっていた。図抜けた存在ではなかったけれど、あの当時のファームでは1軍に近い選手だった。なんとかケガを克服し、5年目となる2003年のシーズンは4勝し、翌2004年も開幕3連勝を飾りシーズンで6勝したが、その後はなかなか成績を伸ばせなかった。

古田の監督１年目のオフにフェニックス・リーグで野手にも挑戦した。だが、本人が音を上げて、もう一度ピッチャーをやらせてもらえないか、と言い、翌年はピッチャーで再挑戦したが結局はだめだった。彼の場合はずっとケガがついて回る野球人生だった。

畠山和洋

２軍監督は思いがけず、９年という異例の長期間となった。その間、何人もの選手がルーキーとして入団してきた。ここから印象深かった選手たちについて少し触れようと思う。

強く印象に残っているのは、岩手・専大北上高校からドラフト５位で入団した畠山和洋《はたけやまかずひろ》。彼は入ってきたときから非常にバッティング能力が高かったが、バッティングにしか興味がなかった。１年目にファームでホームランを11本打ち、２年目にはホームラン王と打点王を取った。しかし、１軍に上がるには守備や走塁のレベルを上げないとだめで、体幹ももっと鍛える必要があった。

そこで２００１年にバッティングコーチとして復帰した荒井幸雄《あらいゆきお》が、畠山を徹底して走らせた。あいつは体力があるから何本走らせても音を上げない。しかし遅い。荒井が妥協せず走らせていたが、走るスピードを上げようとしなかった。プロ入りしてすぐに結果を残せたことで天狗になり、周囲の声に聞く耳をもたなかった。

あるとき、1軍に上がるための方法を本人も考えたのだろう。やっぱり打率を残さなきゃいけないといって、ライト方向へ軽打で流し打つバッティングばかりし出した。「そんなバッティングばかりやっていたら魅力がないし、おまえは他でアピールするところがないんだから、長打力でアピールするのが一番手っ取り早いんだぞ」と諭した。

それでも頑固なあいつはスタイルを変えなかったので、しばらくスタメンから外すと、もうふてくされてね。はっきり態度に出すから、「おまえはまだわかんねえのか」と叱った。練習態度は悪くない。やることはちゃんとやるが、気持ちがバッティング以外に対して薄かった。

フェニックス・リーグのある試合でのこと。畠山はサードを守っていて2アウト、ランナー2・3塁の場面、あいつはサードゴロを取ったあとセカンドに投げた。なんで2アウトなのに、1塁にランナーがいないのにセカンドに投げるんだ——あいつは守備コーチの角富士夫さんにぶん殴られた。あの場面にセカンドに入る田中浩康《たなかひろやす》も田中浩康だが……。

本人なりに一生懸命やっていたと思うが、そういうあり得ないプレーが出ちゃうというのは、やっぱり守備に対する意識が低かったのだろう。

加えて、畠山は生活態度も決してよくなかった。オフのとき、寮で何時に点呼をやるとかあっても、「今、仙台にいるので間に合いません」。そうしたら寮のすぐそばの店でパチンコをしていた。思いがけずフィーバーになってしまい、帰れなくなっちゃったのかもしれない。

根は優しい男でナイスガイではある。畠山は1軍に近い選手で、そうなると使う以上練習態度や生活態度を含めてしっかりしてもらわないと、他に示しがつかない。それでどうしてもきつく当たらないといけないというのはあった。

２００８年、高田繁監督の1年目、畠山は1軍で4番を務めたこともある。あのときは嬉しかったけれど、次の年は一切使われない。高田さんは彼を見切ったわけだ。

彼が1軍に復帰したのは私が監督代行を務めた２０１０年。あの年はピッチャーが頑張っている一方、打線がまったく打てないという状況で、そこで何か1つ、起爆剤となる新しい風を入れる必要があった。

そこに新外国人ホワイトセルがやってきたのはいいのだけれど、2人ともポジションがファースト。試しに外野をやらせたら2人とも空っ下手。ホワイトセルなんかはフライも捕れず、まだましということで畠山がレフトを守ることになった。

畠山が入団したのが２００１年。高田さんに使われるようになって一時的に1軍定着したのが２００８年。8年間はほぼ1軍・2軍を行ったり来たり。18歳の少年が26になっていた。その間よくクビにならなかったなと思う。1年目イースタン・リーグで11本打ちました。2年目はホームラン王と打点王を取りました。順調にきていたのに、そこからずいぶん地べたを這った。

畠山は総じて緩いところがある性格なんだろう。練習はちゃんとやる。しかし１００％ではやらない。不良なわけじゃない。ただ、ちょいちょい手を抜いてしまう。守備もハンドリングはうまい。だけど緩慢なプレーをしたり、守備範囲が狭かったりした。だから、のちに守るファーストというのは適任だった。

２０１５年、畠山は14年ぶりのセ・リーグ制覇に大きく貢献し、打点王のタイトルも獲得した。そんな彼も２０１９年に引退し、２軍で打撃コーチとなった。

私は人生において２度だけ人を殴ったことがあるが、２度とも相手は畠山。期待が大きかったぶん歯がゆかった。問題児だったあいつが、辛酸をなめた戸田のグラウンドでいいアイデアをもって若手を指導しているというのは感慨深いものがあった――。

ご承知のとおり、２０２４年６月、シーズン終了をまたず、彼は一身上の都合で退団した。退団理由の詳細を明かすことはできない。契約解除は私から伝えた。

上田剛史

２軍監督時代、もう一人強く印象に残っているのが２００６年、関西高校から高校生ドラフト３位で入団した上田《うえだ》剛史《つよし》だ。彼も問題児だった。２００７年、１年目のとき彼は寮を抜け出し、二日酔いで戻ってきて次の日の練習をサボったことがあった。これはとんでもない話。ロッカーに呼んで、ユニフォームに着替えさせようと思ったけれど、もう全然そんな状態じゃない。これは完全にペナルティーだった。罰金10万円と１年間の外出禁止を科した。

彼は親に仕送りしていた。だから、「こういう理由で罰金を取られたということを親御さんに伝えろ」と言って、10万円を預かるつもりで取った。親御さんはそんな上田に「おまえは１軍に上がるまで帰ってくるな」と言ったらしい。彼との関係はそんなところからスタートした。

関西高校時代の上田は、ソフトバンクの柳田悠岐《やなぎたゆうき》が化け物だと評するくらいの高い身体能力の持ち主で、実際プロ入りしてからも、早くから高い能力の一端を見せていた。しかし、注意散漫というか集中力を欠くことがところどころに出ていた。

２軍の戸田球場はたしかにちょっとフライが見えにくい球場ではあるが、やたらあいつにだけ球が見えなかった。他の人は見失うことがそんなにないのに、あいつはやたら多い。

ただ、練習自体は一生懸命やる。全体練習が終わってからも、ひたすらやる。休みの日もコーチを捕まえて練習する。それはすごいのだけれど、トータルして見ていくと、常に7〜8割の状態でというのが多かった気がした。だから、もうひとつ選手として抜けきらなかったのではないだろうか。

２０１２年に青木がメジャー挑戦でいなくなったときはあいつのチャンスだった。青木の代わりを上田には期待していた。しかしケガもあったとはいえ、そのチャンスをつかみきれなかった。足は速いし、肩も強い。バッティングも遠くに飛ばすということはなかったけれどシュアな打撃をしていた。総じて能力は高かった。

バッティングに関しては、もうちょっと打席の中で頭を使えていたら少し違っていたと思う。能力だけでやっていて、もったいないタイプだった。バッティングでもなんでも、ときに全力でやっていたらどうだったか。強弱というか、メリハリというのがない中で、彼はずっとやってきたような気がする。大きく期待していたけれど、結局もうひとつ足りなかった。それが何かといわれると、よくわからないが。

2011年、巨人とのクライマックスシリーズ・ファーストステージ開幕を翌日に控え、上田が前日ミーティングに現れないということがあった。マネージャーに連絡させたら、どうも予定を勘違いしていたらしく、渋谷でコーヒーを飲んでいた。

そのシリーズの試合で私は彼を使うつもりでいたのに、ミーティングに参加していないのでは使えない。すぐに来させて、ミーティングの最中、全員がいる前で罰金50万を持ってこいと激怒した。

シリーズ第3戦、1対0で勝っている状況で上田をセカンドランナーの代走に使った。もう1点入れれば、勝利がぐっと近づく勝負どころ。巨人の外野はかなりの前進守備。普通だったら帰ってこれないようなレフト前ヒットで、彼は見事にホームに生還した。その時、涙が出そうになった。

高井雄平

高井《たかい》雄平《ゆうへい》（2011年以降の登録名は雄平）も忘れがたい選手だった。彼はドラフト1位でピッチャーとして入団してきた。背筋300キロを誇り、足も速い。身体能力の高さは素晴らしく、150キロを超すスピードボールを投げていた。しかし、投げるコースによってはシュートト回転して、威力が半減してしまうのが惜しく、また課題のコントロールがなかなか改善しなかった。

高田監督の時、バッター転向の話は何度も持ち上がっては消えた。結局、8年目となる2010年に、本人も納得して打者への転向を決意した。ずいぶん遅い打者転向だったけれど、努力の末に花開き、結局通算882安打、ホームラン66本、386打点、打率・291。投手時代も含め、19年間プロ野球の世界でやったんだからすごい。結果的に打者への転向は大成功だった。

彼には弱点というか、こだわり派で頑固な一面があった。自分がこうと思ったら絶対に曲げないタイプで、人の話に耳を傾けない。

戸田でのある試合の時、ベンチからグラウンドに通じる出口は3つあって、そのうちの1つの前に私が立っていた。彼がここを通るには私がどかないと通れないんだけれど、あいつは私の後ろで私がどくのを、ずっと待っている。チェンジになっているのに。「おまえ、どうしたんだよ」「いや、僕はここから出ないとだめなんです」って。そういう変なところがあった。

練習はとにかく一生懸命。上田と違い、100%でやる。本当に100%ずっとやっている。妙なこだわりが強くて、そこらへんの硬さがネックだった。もうちょっと柔軟性があったらもっとすごい選手になっていたと思う。あいつにはもう少し畠山の〝遊び〟の要素が欲しかった。うまい具合にミックスできたら、よかったのだけれど、なかなかうまくいかなかった。

コーチは選手に学ぶ

しかし、人を育てるというの本当に難しい。結局、指導者ができることには限界がある。指導者が指導して思いどおりに育つなんて、基本的にない。よくなるのは本人たちの努力だから。本人たちが勝手に成長していく。

よく野村さんが間違った努力ということを言っていたけれど、そういう間違ったところをちゃんと指摘してあげれば、一生懸命練習していれば絶対にうまくなれる。

野村さんは指導者の役割を「気づかせ屋」と表現していた。いかに選手に「気づき」を与えるか。事細かに指導したからといってできるものではなく、コーチはよき伴走者であることが限界かもしれない。

逆に、コーチが選手から教わることはいっぱいある。いろんな選手がいて、いろんな性格の子がいて、万人に合う指導法なんてない。そう考えるとコーチはさまざまな選手との出会いによって、指導方法や考え方を学ぶのだ。

青木宣親

そういう意味でいうと、青木宣親からコーチが学んだところがある。青木には驚きがあった。

彼は自分の体の中で弱い部分があったら、そこを補っていかないといいパフォーマンスを出せないということに気が付いていた。だから、彼はバランスをすごく大事にする。

今は肉体をバンバン強化する時代で、選手たちはフィジカルトレーニングにいそしんでいる。目に見えて体はでかくなるから、モチベーションも上がるし、成果も返ってくる。それはそれでいいのだが、同時に柔軟性を獲得するというのもすごく大事で、青木は柔軟性が低いと、技術に影響してくるという考え方を持っていた。

青木にはつねに体を診てもらう先生がいて、「ここの部分が弱いでしょう？」と聞くと、実際そのとおりらしい。そこの弱い部分を強化していかないとうまくバランスがとれず体が十分に機能しないというのだ。また技術とフィジカルには鍛える順番があるのだともいう。

青木は入団後、早い段階で頭角を現してきた。ただ、最初から手のかからない選手だったわけではない。今は違うが、入団したての頃はわがままで我が道を行くタイプの選手だった。野村さんのいうところの「不真面目な優等生」。青木は逆境に強かった。置かれた状況が苦しくなればなるほど力を発揮してくる。

青木は宮崎の日向高校から指定校推薦で早稲田大学に入り、2年まではレギュラーではなかった。懸命の努力でレギュラーをつかみ、2004年にドラフト4位で入団してきた。

自信満々で入団した青木だが、沖縄・浦添の1軍春季キャンプでフリーバッティングをしたときに、「物足りない」とバッティングコーチの八重樫さんから言われていた。「試合に出せばそこそこ打つだろうけど、ここはプロなんだから、フリーバッティングで、ライト方向への力

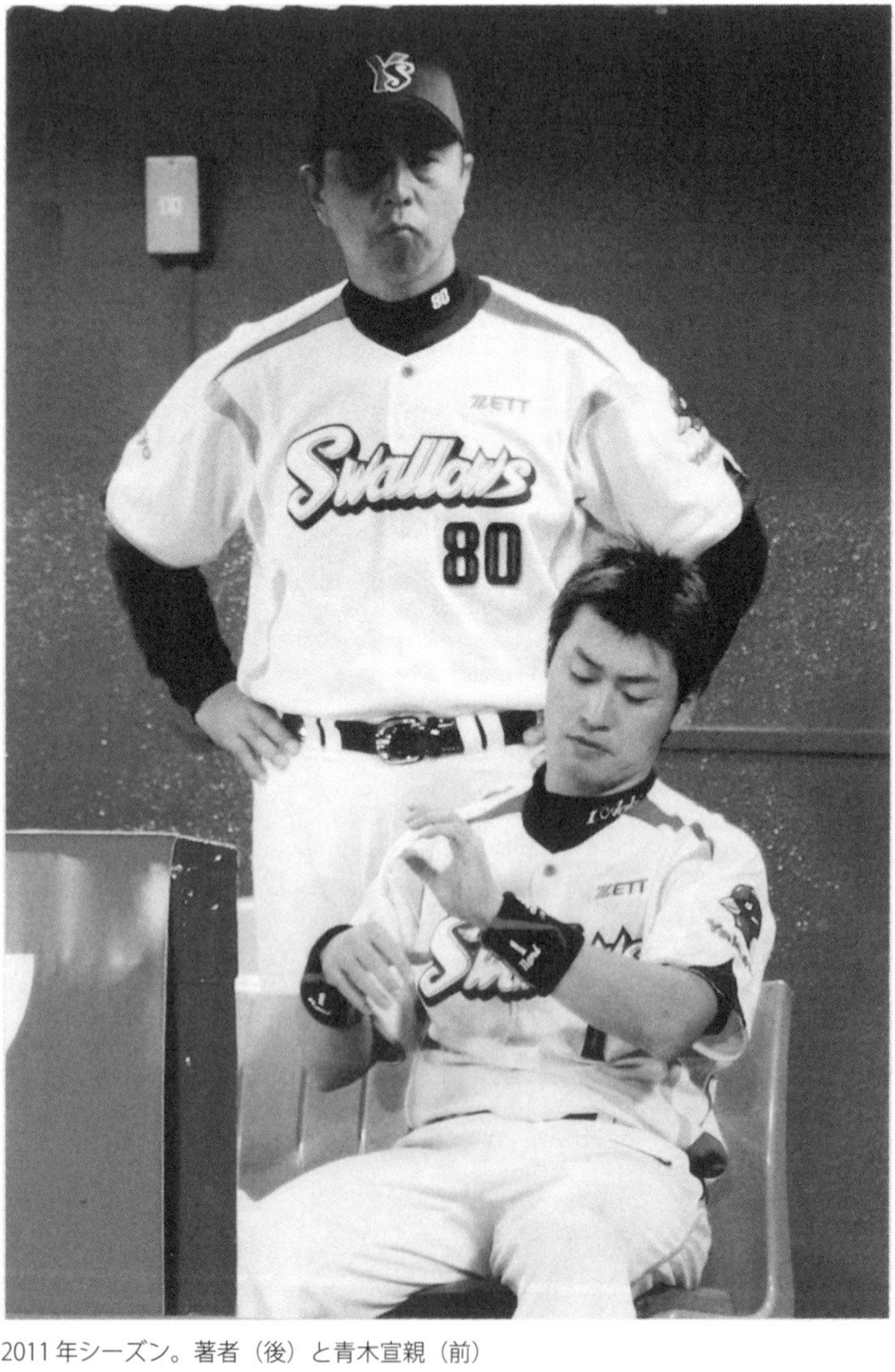

2011年シーズン。著者（後）と青木宣親（前）

強い打球を見せてもらわなければ使えない」とキャンプ後に2軍に落ちてきた。

当時2軍監督だった私が、実際に青木のバッティングを見ると、逆方向にばかり打っている。バットコントロールは抜群なのだが、打席に怖さがなかった。春季キャンプに参加し、1軍で試合に出るために必要なものがわかった彼はそこから猛練習。結局1年目、2軍で打率・372という圧巻の成績を残し、首位打者となった。格が違った。

フレッシュオールスターでも4安打放ち、1軍監督の若松さんにずいぶん推薦したけれど、「いやもうちょっと待て、もうちょっと待て」と待たされた。でも、翌年、若松さんは、シーズン序盤打てない時もずっと我慢して青木を1軍で使い続け、途中から打撃成績は急上昇。ついにはイチロー以来史上2人目となるシーズン200安打を達成し、打率・344でセ・リーグ首位打者と新人王を獲得した。

面白いことに2年目の途中から一気に打ち始めたというのは、村上とまったく同じ。同じ成長曲線だった。

猿渡コーチと青木のセカンド練習

1年目、ファームですごしたことは青木に大きな意味があったと思う。彼はファームの試合に出た後に、セカンドの守備練習をずっと続けていた。猿渡寛茂《さるわたりひろしげ》コーチからノックを受けていた。猿渡さんは静岡の伊東から埼玉・戸田に来ていたのでずっと寮に泊まり込みで、夜間練習もやっていた。青木も引っ張り出されて、とにかく毎日やっていた。

彼は当時、「本職は外野手なのに、なんで内野ノックをやらなきゃいけないんだよ」と思っていたんじゃないかな。だけど、とにかく内野の練習を徹底して妥協せずにやったことで、自然に柔軟性や、体幹や下半身が強化され、次の年、1年間1軍でずっと出続けられる、プロ野球選手としての土台が培われたんだ。

それにしても、最初の1年間、青木はとにかく不満だったと思う。成績を残しても1軍に上がれないのだから。彼にしたら苦しい時期だったろうけど、それでもその期間があってその後の彼があると私は思っている。彼の成長パターンは1つのいいモデルとなっている。

今、青木は柔軟性が大事だとオスナにヨガを勧めている。彼が自分で体験していることなので、説得力がある。

コーチのモチベーション

ファームでの9年間の2軍監督時代というのは、本当に大きな学びがあり、やりがいもあった。ともに練習してきた選手たちが1軍で活躍する姿はなににもかえがたい喜びである。ただ、最近は、ファームから1軍に上がって初めてヒットを打った、勝ち投手になったといって、コーチに「ありがとうございました」と感謝を伝える選手が少なくなっているように思う。

昔は2軍から1軍に初めて行く選手に、コーチが「結果を出せたら、おまえ、ちゃんと監督に電話しろよ」と言って送り出していた。そうすると2軍監督のところに、「ありがとうございました。初ヒットが打てました」とか連絡がきたりしていた。それが2軍の監督やコーチにとっては、すごく嬉しいものでモチベーションにつながる。今はちょっとそういう習慣が薄れている気がして、さみしく思っている。

古田敦也監督

私が2軍監督を務めてから8年目、2006年に1軍の監督が若松さんから古田に替わった。古田はヤクルトの黄金期を支えた名捕手だが、ユニフォームを着て選手として一緒にやったのは2年間ほどと短く、あまり接点もなかった。

通常の場合、1軍の監督が替われば、2軍の体制も替わるもの。もう2軍監督はないと思っていたら、なぜだかわからないが、私の2軍監督は留任だった。

1軍監督と2軍監督で連携を取っていたが、彼が私にリクエストしていたのは、ピッチャーであればフォークボールをマスターさせてほしい、バッターであれば、たとえマシン相手の練習といえど、4割ぐらいヒット性の当たりを打つようにさせてほしいということだった。そうじゃないと1軍で使えないですと言っていた。

このことは2軍にいる選手の1つのモチベーションになっていた。古田が選手に求める要求は高く、野球に対しては厳しかった。実際、フォークボールがないために、2軍に落とされるピッチャーは多かった。

頭がよく技術に優れ、十分な実績をもつ古田だが、やはり彼に関しては野村さんとの縁の不思議さに興味を持ってしまう。1990年、野村さんの監督就任1年目に、キャッチャーとして入団するんだから、奇跡的な巡り合わせだと思う。

古田に聞いた話だけど、講演の際は、野村さんのエピソードを語って話を盛り上げていたという。そういうふうに野村さんを使わせてもらっていると言っていた。野村さんは逆に古田のエピソードを講演会で話していたらしい。お互いに相手をうまく利用していたみたいだ。とにかく野村さんとの出会いは古田が持っている強烈な運だと思う。

ちなみに、ヤクルトOBの栗山と古田は球界を代表するレジェンドで、ともに頭脳明晰だったが、2人はまったく違うタイプの人間だった。栗山は野球をすごく勉強しているのだけど理論立ててというよりも、相手の懐に入り、その人のいいところを引き出そうとする人だった。情があって人懐っこいタイプ。

古田はどちらかというとドライで、人との一定の距離感を大切にしていた。プロ野球選手としてだめだったらだめ、みたいな考え方をしっかり持っていた。古田は選手としての実績がすごかったから、自分の言うことにすごく自信を持って発言していた。

高田監督とヘッドコーチ就任

9年間（1999～2007年）にわたる2軍監督を経て、2008年、高田繁監督の就任にあたり1軍のヘッドコーチとなった。なぜ、私が1軍のヘッドコーチという要職に抜擢されたのか本当のところはわからない。それでも私がヘッドコーチとなったのはやはり、球団の方針だったらしい。聞いた話では、当初、高田さんはヘッドコーチを置かない予定だったようだ。

前年までの古田監督体制（2006～2007年）が終わり、1軍の監督が退陣したら2軍も含めて一気に替わり、そこで、さようならというふうになるのが普通なのに、来季も球団に置いていただける、ましてや1軍のヘッドコーチとは、本当に嬉しくもあり、驚きでもあった。同時に大きなプレッシャーも感じていた。

「とにかく自分の置かれた立場で一生懸命やらなきゃいけない」と気持ちを強く持ったが、高田さんと野球をするのは初めてのこと。それまでほとんど接点がなかった。

2軍監督だった同時期に、高田さんも巨人で2軍監督をやっていたことがあり、3年ほど（1999～2001年）イースタン・リーグでともに戦っていたことはある。高田さんは星野仙一さん（高田さんの明治大学の1年後輩）が恐れるぐらい厳しい方だというのは前評判としてあった。しかし、高田さんの野球観というのはまったくわからない。

とにかく高田監督の考え方を理解すべく、とじっくりと話す機会をもちたかったのだけれど、キャンプに入るまでそういうチャンスはなかった。実際はキャンプに入ってからもなかった。

高田さんはあまりコミュニケーションに関心のない人だった。だから、高田さんのほうからヘッドコーチとしてこういう役割をしてほしいとも言われない。

私としては不安で仕方がないから、「こういうケースはどういうふうに考えますか」っていうことを1つ聞きに行くと、質問されたことに対して1つ答えたら、もうどこかいなくなってしまう。もうスーッと。走る格好をして、スーッと。

はっきりいって、まったくコミュニケーションを取ることができなかった。ヘッドコーチ1年目は、そんな苦労に尽きた。高田さんはコーチ陣に対してだけでなく、選手ともそんなにコミュニケーションを取らなかった。

高田イズム

高田さんは巨人の黄金時代を支えた名プレーヤーの1人。巨人OBの方は、他球団で仕事をする際に、巨人ではこうだったという人がいるというが、高田さんはジャイアンツがどうこうというのは一切言わなかった。

そこまでコミュニケーションが多くなかったというのもある。ただ、巨人の野球をイメージされているなというのは、ところどころで感じることはあった。

巨人イズムというのでもないけれど、野球に向き合う姿勢というのは非常に厳しい方だった。プレーもそうだが、たとえば、選手の喫煙に関しても厳しかった。当時は、たばこを吸っている選手が多かったのだ。

あとで人から聞いた話だが、高田さんは審判に抗議をしなかったという。たしかに高田さんが審判に抗議しているのを見たことがない。一説には、巨人の名監督・川上哲治さんが審判に抗議をしなかったからららしい。そういうところも含めて、今までのヤクルトの監督とはまた違うタイプの方だった。

ただ、どうなんだろう。抗議したところで判定が覆るわけがないけれど、判定に対して違うと言い張っている選手の心情を考えたときに、味方になってやらなきゃいけないときもあるのではというのが私の考え方。今はリプレー検証する〝リクエスト制度〟があるけれど、前はそんな制度はなかった。だから当時の選手はこらえるしかなかった。

ヘッドコーチの役目

高田監督の考える野球というのを知ろうともがいて、タイミングを計って聞き出そうとしてもなかなか聞き出せない。本当に手探り状態だった。それでも、高田監督はこういう野球をやりたいんだというのは選手起用や戦術ににじみ出ていた。

1年目はとにかく走れる選手を試合に使っていた。年間で140くらい盗塁している。福地《ふくち》寿樹《としき》は盗塁王にも輝いている。福地は石井一久の西武へのFA移籍にともなう人的補償で来た選手で、高田野球にマッチしていた。盗塁がまず1つの戦術として取り入れられたというのは事実あった。

とにかく出るサインはスチール、ダブルスチール。これが圧倒的に多かった。ただ高田監督は、「今シーズンは盗塁を戦術にしていくよ」とは事前に言わない。監督から受けた盗塁の指示をコーチャーに伝達していく――そういう実践を重ねながら監督の意図するところを自分で感じていくしかなかった。

ヘッドコーチという立場をどう捉えるかは人それぞれだが、私は監督の考え方を選手に浸透させていくのがヘッドコーチの役目だと思っている。だから言っていることだけじゃなくて、口に出さずにいる部分もある程度察知する、汲み取ることはコーチにとって絶対的に必要なことだと思っている。大変な1年目だったけれど、察知能力を磨くにはいい1年だったかもしれない。この年、ヤクルトは5位でシーズンを終えた。

苦悩のヘッドコーチ2年目

2009年、高田体制の2年目となり、前年よりは高田野球がわかってきたけれど、それでもまだ明確にはならなかった。1年目は足の速い選手をそろえて盗塁を武器に得点につなげた。しかし、2年目は相手チームだって警戒してくる。そう簡単にはいかないだろうと予想していた。では、どういうふうにして戦っていけばいいのか。

野村監督のときは、ミーティングを大切にして、「俺たちはこうやって戦うんだ」と選手に意識付けをし、同時にコーチも育てようとしていた。しかし2年目になっても、選手・コーチ陣と積極的にコミュニケーションをとらない高田さんの姿勢は変わらなかった。監督主催の食事会というのもあったけれど、盛り上がらないこともままあった。

ヤクルトは野村さんの黄金時代があって、以後、監督は若松さん、古田ときて、高田さん。

高田さんはヤクルトに何を残したのかといわれると、少し言葉に詰まってしまう。

ただ野球人生において高田さんはずっと勝ってきた人。戦う厳しさ、特にミスに対する厳しさというのは今までの監督にないものだった。

野村さんの厳しさともまた違っていた。たとえば、野村さんは配球を読むとか、頭を使うことに関してはすごく厳しかったけれど、フィジカルやメンタルの部分に関しては一切言わなかった。

高田さんの場合、たとえばフライを取るにしても、横着して片手で捕りにいって、落とそうものなら大変。ある試合で田中浩康がエラーをしたら、試合後、記者に向かって一言「下手なんです」とピシャリ。昭和の親父じゃないが、ストレートにはっきり言う。

選手がビビるのはたしかにそうだと思うけど、我々コーチもピリピリしていた。だからといって、事細かに指示が出るわけじゃない。

ある試合後のミーティング。盗塁のサインが出ていたにもかかわらず、選手が盗塁を試みなかった。「なんで走らせないんだ」と高田監督は激怒した。それを受けてコーチが「いや、走れと言いました。だけど、走らなかったんです」と言ったら、「でも走っていないんだから、言っていないのと一緒だろ」って。

これは高田さんの言うとおりなんだ。「言いました。じゃあどうすればいいんですか」というコーチの発言はナンセンス。それがコーチの仕事だろと。仕事として走らせろと言われたら、実際に選手を走らせるのが仕事。サインを出しても走らないんだったら何か工夫しなきゃいけない。やらせるのがコーチの仕事だろうというね。

高田さんのコーチに対する怒りは厳しくも正しい。今は優しい監督が多く、半ばコーチ的な仕事までこなしている人もいる。高田さんは、ヘッドである私を含めて、コーチ陣全体に責任感が足りないことを不満に思っていたのだろう。

高田監督から得た教訓

のちに私が監督になったとき、高田さんの教訓を生かしていたところはある。人は責任を持たさないと真剣味がなくなってしまう。ただ漠然と毎日を過ごしてはいけない。「コーチにはそれなりの責任を持ってやってもらいたい」と伝えていた。

先ほどの田中浩康のミス。あのとき、高田さんは選手のミスをマスコミを通じて嘆いたけれど、基本的に高田さんは選手ではなくコーチを叱る人だった。ちゃんとやらせろというふうに。たしかに監督がコーチを飛び越して選手をいきなり叱ったら、コーチの立場もなくなる。

ミスに対する対処というのは監督によって分かれる。野村監督は新聞やテレビなどマスコミを使って、選手にわからせることが多かった。古田なんかは別。古田は直接言われていた。古田クラス以下の選手にはマスコミの力を使っていた。よくいわれる無視と称賛と非難。段階に応じて、選手をうまく操っていた。

私自身、高田監督に怒られたことは何度もある。

ある試合、高田監督から「サードをどうしようか」と相談され、畠山を推薦した。「畠山は守備範囲は狭いですけど、捕ったら大体アウトにしますから。そのへんは安定していますから」と試合に出したら、サードゴロをいきなり暴投した。もう頭を抱えるしかなかった。捕ったら大丈夫です、安心できますと言ったにもかかわらず、いきなり暴投を放ったんだから。これは怒られても仕方がなかった。

高田監督の怒り

一方、これは理不尽だよと思ったこともある。

２００８年、高田監督1年目のシーズン。ある時期、飯原誉士《いいはらやすし》が2試合か3試合連続で猛打賞を打っていた。そんな中、神奈川・相模原で試合があり、その試合でも飯原は1打席目にヒットを打った。絶好調の飯原。

だが2打席目のランナーを置いた場面、高田さんは「送らせて（バント）」と言ったようだが、私には「打たせて」って聞こえた。勘違いしたまま、バントのサインを出さなかったらすぐに打っちゃって、ゲッツー。「おまえ、バントって言っただろ！」と高田監督から激怒された。あのときの怒りが一番激しかったかもしれない。

当時は「バント」とか、「送らせて」とか、「エンドラン」とか口で言うのだが、選手やコーチの声が監督の声とかぶって聞き取れないことがよくあった。広島の市民球場でのある試合のときも、声がかぶっちゃって全然わからない。3回聞き直したらキレられて「エンドランだよ！」。

そんなことがあった次の年から、高田さんは私に指でサインを伝えるようになった。ただ指で出すのはいいのだが、高田さんはずっとちょこまか指を動かしているから、それもまたわかりづらくて困った。

突然すぎる監督代行

高田監督体制1年目の2008年は5位、2年目の2009年目は3位。迎えた3年目の2010年は、シーズン開幕直後からチームは絶不調。交流戦が始まると9連敗し、借金は19まで膨らんだ。

その交流戦のさなか、高田監督が突如の辞任。このことを私は当日の朝7時のニュースで初めて知った。あまりに突然のことに動揺する中、球団幹部に呼ばれ、「明日からおまえが指揮を執れ」と言われた。

「ヘッドコーチである自分にも責任があるので、それはできません」と最初は断ったが、「そうは言っても誰かが指揮を執らなきゃいけないから、おまえがやれ」ということで、半ば強制的に監督代行という形で思いがけず指揮を執ることになった。

当時、高田監督のあとは、1軍投手コーチの荒木大輔が監督を務めるというのが既定路線としてあった。私自身、荒木がやるとばかり思っていた。ただ、高田監督の辞任は突然の出来事であり、シーズンはまだ始まったばかりの5月。

そういう中途半端なタイミングと状況で荒木大輔にはバトンを渡せないと球団として考えたのだろう。どん底にあるチームの再建をシーズン途中で任されるというのは、火中の栗を拾うようなもの。ある意味、敗戦処理。そういう事情もあって、ヘッドコーチという立場もあり、私のところにその任が回ってきたと思ってる。

チームは連敗中で大変なことを任されたなと思ったけれど、でもやることは別に何も変わらない。監督といっても代行だから、気楽さみたいなのは正直あった。今年1年やったら終わりだからと開き直っていたのかもわからない。頼まれたら断らない男である私は、変な話、低迷の責任をとるつもりでお受けした。

スローガンなきチーム再建

この年のシーズン、打線がとにかく湿っており、ピッチャーが好投しているのにもかかわらず勝ち星が付かず、その影響もあって石川は開幕から6連敗していた。さて、どうチームを立て直せばいいのか——就任に際し、改めて私流のスローガンを掲げることはなかった。今だからいえるが、実際問題、V字回復は無理だと思っていた。

しかし、シーズンは始まったばかりの5月。その時期に選手たちがモチベーションをなくして、チームがダラダラいくのだけは避けたかった。お客さんも来てくれている。一度はまった負のスパイラルを、シーズン中に変えるのは本当に難しい。だが、プロとして情けない姿を見せてはいけない。戦い抜く姿勢だけは見せ続けよう。その一心で監督代行として挑んだ。

選手には「とにかくこうなった以上、結果を求めてというのはなかなか無理だから、今はベストを尽くすしかない。そのためにはしっかりモチベーションを持たないといけないし、みんなが同じ方向を向くじゃないけど、そういう気持ちを持ってやるということが一番大切」だと伝えた。

前述したとおり、この年、投手陣は石川雅規、由規《よしのり》、館山昌平《たてやましょうへい》、村中恭平《むらなかきょうへい》、押本健彦《おしもとたけひこ》、増渕《ますぶち》竜義《たつよし》、松岡健一《まつおかけんいち》、林昌勇《イムチャンヨン》と先発もリリーフも頑張ってくれていた。

問題は攻撃陣。頼りたいのは宮本のキャプテンシーだったが、あの状況になると、いくら宮本といっても、攻撃陣を牽引しチームを1つにまとめることはなかなか難しかった。ショートからサードへコンバートされてまだ3年目という、彼にとって難しい時期でもあった。

もう一人のチームの顔、青木もシーズン終了時には自身2度目のシーズン200安打を達成して打率・358（球団新記録）を残し、首位打者、ベストナイン、ゴールデングラブを獲得したが、あの段階では今と違い、チームリーダーとしては力不足だった。

相川亮二《あいかわりょうじ》は唯一、チームとして何とかしなきゃいけないという気迫をすごく出していた。

奇跡的なV字回復

そんな攻撃陣の奮起として大きかったのが、新外国人ホワイトセルの加入。彼が6月にやって来たことが起爆剤となり、その後チームは奇跡的な快進撃を見せる。

監督代行としての1試合目は楽天戦。交流戦開幕から9連敗して借金19で代行になり、その最初の試合（楽天戦）で負けなかったのがすごく大きかった。

連敗の流れを断ち切るための秘策として監督交代という大ナタをふるったにもかかわらず、結果が何も変わらなかったら、選手の気持ちは沈んだままだったと思う。あそこで大敗でもしていたら、「何も変わらねえよ、こんなことしたって」というふうに思うのが普通だと思う。

試合は、3対3の引き分けで勝てなかったけれど、「負けなかった」という事実は非常に大きかった。ゲーム終盤までヤクルトがリードし、追いつかれての引き分け。しかし、それまでは逆転されて負けるパターンが続いていたため、あの試合は本当にターニングポイントとなった。

この試合で潮目が変わった。9連敗していたのがそこで1つ止まり、次の試合は京セラドームでのオリックス戦。この試合に開幕から6連敗していた石川で勝った。チームも石川の連敗も止まった。ちなみにこの年、石川は13勝8敗で防御率は3・53。7月以降は11連勝でシーズンを終えている。

2010年の監督代行時代。記者に囲まれてベンチへ向かう試合前の1コマ

次の日がスカイマークスタジアム（現・ほっともっとフィールド神戸）での試合。当時、対戦相手のオリックスの監督だった岡田が私のところへ来て「おめでとう。何のおめでとうだかわからんけど」って言うんだよ（笑）。忘れもしない、あいつなりの優しさだった。

その後、6月に入り、チームは活気を取り戻していく。戦力的な変化は例のホワイトセルだけでなく、畠山の抜擢というのもあった。

高田さんの3年目、畠山は2軍で干されていた。そこで私が畠山を1軍に上げて、正左翼手だった福地寿樹を説得して、畠山をレフトに据えた。

福地の我慢

福地には今でも本当に申し訳なく思っている。西武から来て2年間レギュラーでやって、盗塁王も2年連続で取っているのに福地を外して、そこに畠山を据えたのだから。だいたい6回・7回あたりになったら畠山に代え、福地を代走に出す。彼は盗塁してくれるんだ。それを得点に結びつけて、彼がそのままレフトに守りに行くという戦法をよく使った。福地も納得はしていないと思う。グッとこらえて受け入れてくれた。記者とかにもその恨み言は一切言っていなかったらしい。福地というのはそういう男だった。

彼はのちに現役を辞めて、２０１３年から２０２１年までヤクルトでコーチを務めた。４年前突然コーチを辞めると言い出して、思いとどまるよう彼の自宅まで行っていろいろ説得したのだけれど、意思が固かった。最後まで明確な理由がわからなかった。彼はあんまり愚痴を言わないから、人間関係等いろいろあったんだろうなと思いながら。

監督代行として1年目の２０１０年、結局このシーズンは72勝68敗4分けで4位。6月以降チームは立ち直り、8月は10連勝するなどして最大19あった借金を返済、４つの貯金を作ってフィニッシュした。畠山も自身初めての二桁本塁打をマークした。

第5章　勝ちに不思議の勝ちあり、負けに不思議の負けなし

大躍進の2011年シーズン

2011年、代行の二文字が取れて、正式な監督となった。この年は嬉しさと悔しさの大激動の1年となった。3月11日に東日本大震災が発生し、予定よりも2週間遅れて4月12日に開幕となった異例のシーズン。

前年の勢いを引き継ぎ、開幕からチームは調子が良かった。ずっと首位をキープし、10年ぶりのセ・リーグ制覇を完全に視界にとらえていた。しかし、10月5日までトップにいて、シーズンの最後の最後に落合中日にひっくり返されてしまった。

優勝できなかったという悔しさと、選手に対しての申し訳なさ……その気持ちでいっぱいだった。クライマックスシリーズの最終戦に負けたあと、ホテルに選手たちを集めた。選手起用に関して納得できない部分も多々あったと思うけど、それも私の一存で決断したこと、その上で、最後の最後で優勝を逃してしまったことを詫びた。

シーズンは序盤・中盤と快調に飛ばしていたが、2位・中日との直接対決がやたらと最終盤に残っていた。5月の金沢と富山での中日戦が2試合、雨が降っていないのに中止になり、それがどこに組み込まれるのかと思っていたら、10月のナゴヤドーム（現バンテリンドーム）に入った。それで中日との試合が9試合続けてナゴヤドームという異常な日程になってしまった。

その9試合の結果は1勝8敗。中日怒とうの追い上げで、首位を明け渡すことになった。5

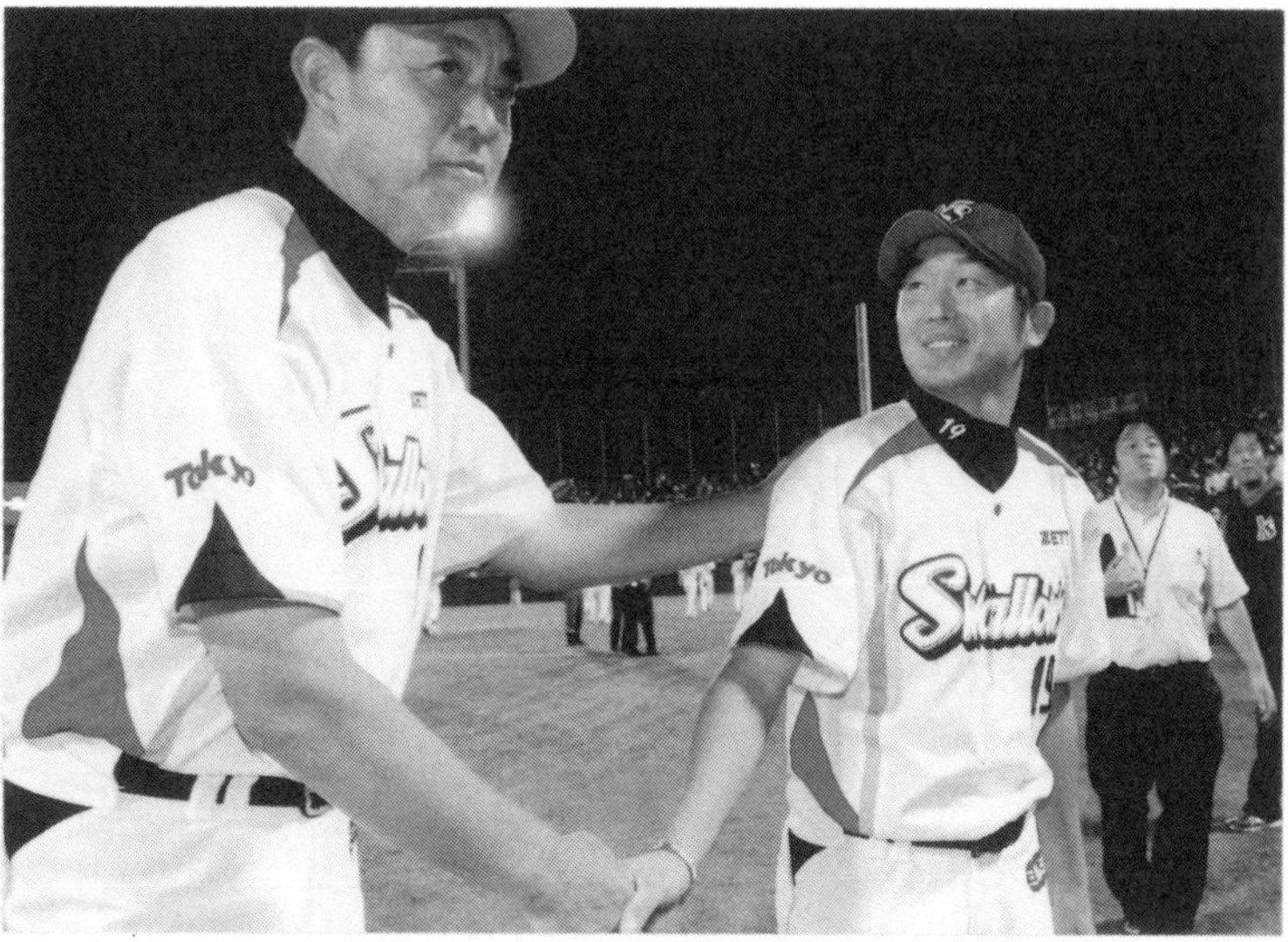

2011年、勝ち投手となった石川雅規と握手を交わす

月の北陸シリーズのとき、中日は調子が悪く、一方、ヤクルトは好調だった。なぜあの2試合が中止になってしまったのか。雨は降っておらず、霧が出ていたらしいが、結果的になんとも恨めしいことになった。

落合中日との激闘

中日監督の落合博満さんはあの年、9月に退任を発表されている。あそこから中日の強さというのが一気に出てきた。中日は投手陣が奮闘して少ない失点でゲームを作り、最後ワンチャンスでポンと点数を取って勝つという戦いがすごく多かった。

落合さんの退任が決まった9月以降、中日の選手たちの集中力が特にすごく、僅差をものにする試合がさらに増えた。うちのほうが圧倒的にチャンスを作り出しているのに、なかなか大量点が取れず、終わってみれば1、2点差で中日の勝ちというパターン。

当時の落合中日の戦い方は少ないチャンスで点を取ってくるから、こちらがリードしていないと勝てなかった。普通のチームの場合、6回くらいで0対1で負けている時、チャンスの場面でピッチャーに打席が回ってきたら大概は代打。しかし中日は代打を送らず、ピッチャーがそのまま打席に立つんだ。

その後の7・8・9回あたりにチャンスが来た時にポンと点数を取って、その後はそのピッチャーと浅尾《あさお》拓也《たくや》と岩瀬《いわせ》仁紀《ひとき》のリレーで逃げ切ってしまう。「ああ、代打じゃないんだ」と思うことが多々あった。負けてても1点差ぐらいでは投手を代えない。投手陣に対する圧倒的信頼、それが中日の戦い方だった。正直、強かった。

バレンティン

惜しくも優勝を逃す悔しい2011年シーズン。この年、のちに日本で大記録を達成する外国人選手の加入があった。ウラディミール・バレンティン。

1年目の2011年は、31本の本塁打を放ち、ホームラン王となるも、シーズン後半から全然打てなくなっていた。打率はリーグワースト。前半ヒットにできていたコースと打てなかったコースの傾向を示すチャートが、後半は真反対になっていた。

最初、彼はそういうスコアラーからのデータに興味を示さなかったが、「でもおまえ、このまま打てなかったら、そんなに使えなくなるぞ」と、改めてそのデータを見せたところ、急にあいつは食いついてきた。

彼は飽きっぽい性格で、集中して1年間打席に立つというのが難しかったが、頭がよかった。そこから相手バッテリーの配球を彼なりにいろいろ考えるようになった。1、2、3打席目までだめで、今日はもう期待できないなと思っても、4打席目に同点スリーランを打ったり、訳のわからないことをしてくれた。

王さんの記録を塗り替えるシーズン60本塁打の日本新記録を残したのが２０１３年。大爆発したのはあの年だけだが、その他の年でも安定して30本ぐらい打っていた。彼なりに日本の野球に対応しようとしていた。

実際に順応性は非常に高く、他のプライドの高い外国人たちより、その点は優れていた。単純にお金を稼ぎたいという思いが強かったが、それ以上の欲がなかったのかなとも思う。もっと頑張ればもっともらえたのに。２０１３年はホームランにできるゾーンが畳1畳分くらいあり、あの年はとにかく集中力がすごかった。

彼のメンタル面でのハンドリングはけっこう大変だった。お金が好きだから、「今日ホームラン2本打ったら、いくら出そうか」みたいな話をした。そうするとあいつは本当に打つ。あるときは、甥っ子かなんかに硬式用のグローブを2つ買ってプレゼントしたいと言い出して、「じゃあ今日ホームランを打ったら、それ俺が2つ買ってやるよ」と言ったら、やっぱり本当に打つ。2つで十何万の出費だった。

バッティングにしかやる気を出さない畠山のハンドリングも大変だったけれど、バレンティンの比ではなかった。あるとき、試合中にもかかわらず、バレンティンがトレーナー室で、寝転がってピザを食べていたことがある。これは説教した。あいつも悪いとわかっているんだけど、なかなか素直に謝らない。あいつはそういうところがあった。それでも、外人の中では比較的素直なほう。意外と性格はチキンだった。

面白かったのは、体近くにボールを投げられた後、必ずホームランを打っていたこと。この野郎って1回火がついて、次の球は内角には来ないだろうと、外目の球を必ずホームランにしていた。次に2球連続で内角には来ないという読みの素晴らしさと、内角を攻められたことの怒りからくる集中力。この集中力を安定して出せていたなら、彼はもっと活躍できていたはずだ。

野村さんからの質問

この2011年シーズン、野村さんと印象的な采配談議をした試合がある。シーズン終盤のとある試合。8回、1対1の同点でノーアウトランナーなしの場面でピンチヒッターに川島慶三を起用した。川島は3ボール1ストライクから、フォアボールを選んだ。次の打者は青木宣親。青木は1・2塁間を破るヒットを放ち、ノーアウト1・2塁。次の田中浩康がバントを決め、1アウト2・3塁の状態となって、その後に点が入り、この試合に勝利した。

2011年９月、野村克也さんから取材を受けた時の１シーン

試合後、野村さんはこの回の攻撃について、私にこう質問してきた。

「川島に待てのサインは出したのか」

「出していません」

「なぜ青木にバントの指示を出さなかったのか」

「青木がバントして1アウト2塁になっても、次の打者は田中浩康。田中がタイムリーを打つ可能性は低いと思い、また青木は若松さんのように1・2塁間を狙って打てる打者なので、バントの指示を出しませんでした」

結局、この采配を野村さんはとても褒めてくれた。あの場面でどういう狙いで采配をとったのか、なりゆきや偶然ではない、ちゃんと指揮官としての考えがあっての判断だったことを褒めてくれたのだ。野村さんの質問に答えるこちらは正直ドキドキだった。

でも、面白いのは野村さん自身の考えは少し違っていたこと。「青木の場面はバントだろう」。田中浩康にも2割5分の確率がある――そう言いたかったのかもしれない。

苦難のシーズンと由規

2011年は2位、2012年は3位。2013年は最下位、2014年も最下位だった。成績は年々下降線をたどった。2012年以降の苦戦に関しては、ピッチャーが足りなかったことが一番の要因だった。なかでも大きかったのがエースとして期待した由規の離脱。彼は2

０１１年の途中からケガでいなくなってしまった。

彼にとって転機だったのは、仙台で行われた２０１１年のオールスター第３戦。オールスター前、その年のセ・リーグの監督・落合さんから電話が掛かってきた。「由規はどうする？肩が悪いんだから無理させるなよ。これからのピッチャーなんだから」ってすごく言われた。

あの年は東日本大震災があり、仙台出身の由規は高校時代バッテリーを組んでいた先輩を失っていた。由規はファン投票で選ばれていたが、６月から離脱中。私は「もうこういう状態だし気持ちはわかるけど、やっぱりやめておいたらどうだ」って言ったが、「絶対に出たい」と言い張る。

これだけはね、本人もそういう思いがあって、私らには理解できないようなこと。それ以上言えず、結果的にオールスターに出たけれど、その後オールスターから帰ってきて後半戦に２勝しただけで、そこから長らく肩の故障に苦しむことになる。

オールスターは彼にとって復帰登板だった。それまでしばらく投げていなかったのが、オールスターに行って、いきなり投げたのだ。オールスター出場が、原因の１００％というわけじゃない。もともと肩の状態が悪かったのは事実だけれど、私もすごく後悔している。あそこで止めることができなかったかと。でもやっぱり私には踏み込めない領域だった。

落合監督との野球談議

前項で話に出た落合さんとは、2010年、ともにオールスターのコーチとして一緒になったことがある。「じゃあ落合さん、僕、ちょっと選手たちの練習を見てきます」と言うと、「いいんだよ。おまえ、練習なんか行かなくて」と言って、2人でずっとしゃべっていた。

落合さんとの会話はほとんど野球に関すること。私も落合さんの野球観を知りたくて、いろいろ質問した。たとえば「レギュラーをやっていて、調子が悪くて全然上がってこないとき、どこまで我慢するべきですか？　僕自身は我慢できる。ただ、周りの目というか、周りのその選手に対しての思いというのは気を使うんですが……」とか。

落合さんは「レギュラーをやっているようなやつはみんな、力的には認められた人間なんだから、シーズンが終わったら必ずその自分の持っている数字に近づくんだよ。これはもう数字的にいったら間違いないから」と言っていた。

「その時のチーム状況とかいろいろあるだろうからどういうふうに我慢するかというのは、監督それぞれだけど、数字的にいえば大体戻ってくるよ」と。確率は収束するというのだ。たしかにバレンティンは測ったようにホームラン31本打っていた。

2023年シーズンもWBCから帰って来て、不調不調といわれながら村上は、ホームランを31本打っている。普通の選手だったらホームランを30本も打てば大活躍の部類。実際にセ・

パ両リーグで30本以上打ったのは２人しかいない。

山田もここ数年、下半身の状態が悪い中、ずっと二桁ホームラン打っている。それがレギュラーというものなんだ。

オールスターではセ・リーグ監督の原とも話をした。やっぱり選手の練習を見に行こうとしたら、「いいよ、小川さん行かなくて」と言う。「なんで？　落合さんにも言われたんだけど、練習に出なくていいの？　俺、オールスターなんかあんまり行ったことないからわからねえんだよね」って言ったら、「いいっすよ、小川さん」とかって。

原とは落合さんとは違い、高校・大学で日本代表として一緒に野球をした共通点があるから、「そういえば、誰々さんはどうしてる？」とか、そんな話をしていた。驚いたのは、我々と一緒に高校日本代表としてやっていた仲間の１人が、村上の母校・九州学院の野球部の後援会長をやっていたんだ。それを知った時は村上のことはまだ知らない。のちの２０１７年ドラフトで村上をヤクルトと巨人が指名したのも縁だといえる。

そういえば原には、ジャイアンツの監督の交際費の額を聞いたことがある。そしたら、「小川さん、そんなこと、聞かないでくださいよ」と言いつつ、教えてくれた金額は桁が違っていた。

2年連続の最下位

２０１３年と２０１４年はともに最下位だった。２０１３年はバレンティンが日本新記録の60本塁打を達成、ルーキーの小川は最多勝と新人王を獲得したにもかかわらず、最下位だった。なんで最下位なんだって、野村さんにも怒られた。

先ほどの由規の離脱もそうだし、投手・野手ともにケガ人続出で戦力が整わなかった。野手で規定打席に達したのはバレンティンだけで、右のエース館山昌平も戦線離脱していた。青木は２０１２年にはすでにアメリカ、チームリーダーの宮本慎也も２０１３年の後半からは代打での出場が主になり、この年限りで引退した。

しかし、指揮官として戦力不足は言い訳にはできない。ケガ人というのは毎年ある程度の人数が出るわけで、その中でやりくりできなかった私の責任。バレンティンはホームラン王、小川も16勝４敗で貯金を12個も作ってくれているにもかかわらず、最下位というのは監督として大きな反省が残っている。

何が最大のミスだったかといえば、マネージメントのミスである。小川、バレンティンという突出した成績を残す投打の核がいたが、それをうまくチーム力につなげることができなかった。たとえばバレンティンの打順。

シーズンの後半、バレンティンのホームラン数が王さんのもつ記録に近づくにつれ新聞やテ

2014年3月、シーズン直前の激励会で意気込みを語る

レビは「新記録達成か!?」の話題ばかり。ヤクルトのチーム順位は蚊帳の外で、バレンティンのホームラン数がヤクルトに関する話題のすべてになっていた。

彼を4番ではなく3番や5番で起用したほうが得点力がアップし、チームが勝利に近づく可能性があった。しかし、ここまでずっと4番に座りホームランを量産していた彼の打順を突然3番に変えることで彼の打撃の調子が狂ってしまったらそれもまた問題。チームの攻撃力が上がる一番効率的な打順はどうなのか考えづらくなっていた。

結局、バレンティンの4番は動かせず、彼の達成した日本新記録60本塁打の攻撃力を勝利につなげられなかった。

２０１２年は青木がいなかったが、前年度の2位の勢いがまだあり、3位でフイニッシュできたが、2013年、2014年の2年は苦しかった。

2014年は今年こそ躍進をと強い覚悟をもってシーズンに臨んだ。私自身は覚えていないが、開幕戦で、記者全員に握手を求めて、「みなさんの運を僕にください」と言っていたらしい。

DeNAとの開幕戦は、8番ショートで出場したルーキーの西浦が3ランホームラン。新人選手の初打席初球本塁打という日本プロ野球史上初の快挙を成し遂げて勝利、チームは幸先よくスタートした。

山田も日本人右打者歴代最高の193安打を記録、投手から野手へ転向した雄平が打率・316、23本塁打を記録するなど個々の躍進はあったが、序盤から故障者が続出。チーム打率・279でセ・リーグ1位、チーム防御率4・62でセ・リーグ6位というバランスの悪さで、屈辱の2年連続の最下位に沈んだ。

9月22日に球団に辞任を申し入れた。

2011年に優勝まであと一歩のところまでいったのに最後中日にかわされ、以降2012年から2014年まで今度こそという思いでやっていたが、ついぞ果たせなかった。この4年間でチームを成長させるはずが、むしろ成績は年々ダウン。悔しさと申し訳ない気持ちでいっぱいだった。神宮での最終戦のセレモニーでは感情を抑えることができなかった。

監督として志半ばでということではない。もともと自分が監督をやれるなんて思っていなかった。まして代行時代を含めて約5年。これだけやらせてもらって球団には感謝の思いしかなかったし、器以上のものをさせていただいたと思っている。だからこそ、恩返しの意味も含めて、このチームを勝たせたかった。無念だった。

シニアディレクター就任

２０１４年のシーズンが終了したあと、衣笠社長からシニアディレクター（ＳＤ）就任の話をいただいた。

監督を辞任するとき、そのあとの自分の身の振り方というのはまったく考えていなかった。監督をやらせてもらったのは本当にありがたいことで、すごくやりがいがある仕事ながら、同時にとても苦しい仕事でもあり、やればやるほど孤独になっていく。ましてや、２年連続最下位。だから、監督を辞めたあとすぐに何をやりたいとか、何をやらなきゃいけないというふうには思えなかった。

しかし、疲れの残った状態ではあったものの、こうしてすぐにシニアディレクターの仕事を与えてもらったのは本当に嬉しかった。私は基本的に断らない人間。野心家でもないし、チャレンジ精神が強い人間でもない。ただ、与えられたものに対しては一生懸命やろうという思いは人一倍ある。だから、ＳＤの話も二つ返事でありがたくお受けした。

ＳＤがどういうことをする仕事なのか。阪神で星野さんがＳＤを務められていたが、その役割は球団によって違うようだ。ヤクルトにおいてもＳＤというのは初めて設けた制度。

組織図としてはざっくりいうと、一番上に統括本部（衣笠社長が本部長を兼任）があって、その下にチーム運営や編成の部署があり、編成の中にスカウト部門や国際部門などもある。私が就任したSDというのは統括本部と編成の間に位置するポジションだった。

SDに似たものとしてゼネラルマネージャー（GM）というのがある。これも各球団で職域が異なるのだが、たとえば、メジャーリーグなどのGMは、お金と人事とコンセプト。ここまでの全権を任されている。オーナーはお金を出すけれども、チームを具体的にどうするかという部分において、すべてGMの仕事。

私が任されたSDの仕事は、すごく単純にいうと、どういうメンバーで戦うかを決めることだった。誰をドラフトで取り、誰を戦力外にするか、また、コーチ人事も任されていた。とにかくいい駒をそろえるというのが役割だった。しかし、最終的な決定権はない。もろもろを取りまとめ判断したものを統括本部に提案し、最後は社長判断となる。

コーチ人事も私のところで基本的に行うが、そうはいっても、1軍監督の意向を無視して進めるわけにはいかない。だから、1軍のヘッドコーチとピッチングコーチの選定は現監督の裁量、2軍のコーチは完全にフロント主導でやるというのを一貫してずっとやっている。私が1軍の監督をやっている時もそうだった。

ちょっと前まで現場で選手と一緒になって戦う立場だったのが、今度はある意味、彼らを査定する立場になる。選手たちも接しづらいだろうし、チームは真中を新たに監督に迎え、生まれ変わろうとしている。前任者が現場をウロウロしているのはよくないだろうと、SDになっ

2014年、つば九郎との触れ合い

てからは、あまり現場には近づきすぎないよう心掛けた。

高田さんとの再会

SDの話をヤクルト球団からいただいたすぐあとに、前ヤクルト監督の高田さんから連絡があった。当時、高田さんはDeNAベイスターズのGMをされていて、DeNAの春田真《はるたまこと》オーナーと高田さん、私の3人で食事に行った。

するとその場で、高田さんから、「俺は今年でGMを辞めるんだけど、来年から横浜のGMをやってもらえないか」と言われたのだ。私は基本的にヤクルト一筋でDeNAに縁もゆかりもなかったし、それよりもヘッドコーチ時代、私を買っていたとは思えない高田さんからのオファー――正直信じられなかった。

高田さんの後を引き継いで監督となった翌年の正月。高田さんの奥さんから「ありがとうございました」っていうお礼の言葉がつづられた年賀状をいただいたことはあった。大変嬉しく思ったけれど、高田さん自身とは特に交流はなかった。

私が新米ヘッドコーチだったこともあってか、高田さんとのコンビは決して良好なものではなかった。それなのに、高田さんはずっと私のことを気にかけてくれていて、認めてくれていたのだ――。嬉しかった。

高田さんとのこれまでの関係を思うと涙が出そうなありがたいオファーだったが、このときはすでにヤクルトのSDの仕事を受けたあと。「私はずっとヤクルトでお世話になっていて、監督までやらせてもらいました。今回もヤクルトからフロントで、という話をいただいており……」というようなことを話し、丁重にお断りした。

なぜ、私にGMの話を……というのは、とてもじゃないけれどそこまでは高田さんには聞けなかった。このあと、日本ハムからも2軍監督の話をいただいたけれど、それもそういう理由でお断りした。

しかし、タイミングや縁というのはあるのだなと思う。高田さんや日本ハムからのありがたいオファーも、ヤクルト球団から話をいただく前であったらお受けしていたかもしれない。

タイミングという運

話は飛ぶが、タイミングといえば、坂口智隆《さかぐちともたか》のことを思い出す。

2015年の秋、オリックスを自由契約になった坂口が移籍先を探している時に、ヤクルトが声を掛けた。だがその時にはすでに西武が彼にオファーを出しており、うちが連絡したのは西武に返事をするその1日前。あれが1日ずれていれば、彼はたぶん西武に入団していた。

彼は2016年から2022年までヤクルトに在籍し、活躍してくれたのはみなさんのご承知のとおり。非常に愛された選手だった。同じ選手でも違うところへいけば、結果が全然違っていたという可能性はある。

村上も入団した年に青木がヤクルトに復帰したというのは奇跡的なタイミングだ。青木がもしあのタイミングで帰って来ず、ヤクルトにいなかったら、村上は今の成長曲線は描けていなかったかもしれない。村上が1年目を終わった時に、青木から自主トレに誘ってもらうが、それも村上の運だ。

タイミングと縁――そういうところが、言ってしまえば、その人の運になってしまう。〝たら・れば〟は実際にやってみないとわからないこと。私自身の人生も含め、タイミング、縁、運というはなんなのだろう。特にドラフトの際、縁の不思議さを思う。

戦力外通告

シニアディレクター、ゼネラルマネージャーの仕事で一番つらいのは、選手に戦力外通告をすることだ。この選手は来年も残そう、この選手は今年でさようならしてもらおう、という峻別が私の仕事である。

これは基本的に私のところですべて決めて、事後報告じゃないが、決定したものを統括本部に上げる。けっこうな責任がともなうことだけに、なるべく現場に足を運んで選手の様子を丁寧にチェックした上で判断している。

誰を解雇するかにおいて、現場をあずかる監督の意見は交えないほうが多い。たいていはこちらで決めたリストを持っていって、多くは合致するが、たまに「この選手はなんとか残してもらえないですかね」というのはある。しかし、それは本当にレアケース。むしろ逆に「この選手はもう使わないですよ」と言われてしまうことのほうが多い。

しかし、実際に選手に戦力外であることを通達するのはつらい。どの選手もきっと活躍するに違いないと期待をこめてドラフトなりで獲得してきた選手たちなんだ。全員に愛着がある。

面と向かって本人に、「今シーズンをもって契約満了で、来シーズンは契約できない。構想から外れているから」というふうに言ったら、もうそれ以上は何も言えない。「どうする？」とも言えないし、「何かあるか？」と言ったって、何もないですよ、向こうは。だから一応呼んで、時間は何分と取っているけど、ほんの５分もあればたいてい終わり。

選手に何時に球団事務所に行ってくれというのは、だいたい通達する前日で、選手のほうも何の用事で呼ばれているかはあらかた察している。

戦力外を宣告されて、すぐに「選手としてじゃなくてもいいから、何とかしてヤクルト球団に残してもらえないか、何か仕事はないだろうか」という選手はいない。年齢やキャリアにもよるが、ほとんどの選手はなんとか現役を続けたいという方向の中で考えている。だから、すぐに冷静にセカンドキャリアの相談をその場でする人はいないのだ。とにかく選手を続けたいという、これがすべてだと思う。

そこから１回家に帰って、少し冷静になって自分を見つめ直すということをした上で、もう選手は無理かなとか、まだ別の球団に挑戦しようとかっていうふうになってくるんでね。私自身そうだった。

ある程度わかっていても、実際に戦力外だといわれた時は頭にくる。誰だってそうだと思う。素直に「はい、わかりました」って、本当に納得するやつはそんなにいない。

ケガをしてまったくプレーできないような選手は覚悟していると思うけど、そうじゃない人がほとんど。ちょっと見返してやる、みたいな気持ちになると思うし、プロ野球選手ならそれが普通。そのぐらいの気持ちがないとプロ野球選手はやってこれないもの。

だから、「こういう球団内の仕事が一応あるから考えてくれるか」ということを伝える人の場合でも、なかなかその場で返事はもらえない。やっぱりそれぐらい悩むんだ。

自分1人だけじゃなくて、家族がいれば家族にも相談しなければいけない。これはもう慎重になるというか迷うのは当たり前のことで、受けてしまえば、もう選手として野球を続けられないわけだし、今はトライアウトという制度もある。

戦力外を告げるのは何年やっても慣れない。告げる瞬間、感情は入れられない。とにかくもう決まったことで、「構想から外れたから来シーズンは契約できない」と言ったら、もうそれ以上話すことはない。「今年どうだった？」とかって、声を掛けるのもおかしいでしょう、「どうだった？」なんて。「本当にご苦労さんだったね」の一言ですべて終わりとなる。

やっぱり選手の顔を見ていると、しょうがないことだが、かわいそうになる。上田なんかは言われるなんて思っていなかっただろう。頭の中は真っ白だったと思う。由規なんかは一番つらかったかなと思う。でもこればっかりはね。だからといって、「やっぱりやめた」なんか言えない。涙で判断を変えるわけにもいかない。

２０１５年、14年ぶりのセ・リーグ優勝

２０１５年、真中満監督1年目、私のＳＤ就任1年目。

前年の秋まで現場で指揮を執っていたので、この年ＦＡでやってきたオリックスの大引啓次《おおびきけいじ》、ロッテの成瀬善久《なるせよしひさ》の獲得には直接は関わっていない。ＳＤとなったからには、継続的にチームがいい成績が残せるよう、現場から少し離れたところでじっくり1年間、チーム状況を見極めようとしていた。

チームは後半戦に入って借金生活から脱出。複数チームに優勝の可能性のある団子状態のペナントレースだった。前年に引き続き、山田、川端、雄平が好調で、畠山が復活した。投手陣も館山が復活、秋吉亮《あきよしりょう》、ロマン、オンドルセク、バーネットらゲーム終盤に登場する投手陣も調子がよかった。

前年の２０１４年まで、野手陣に関してはある程度、整備できているという手ごたえはあった。キャッチャーの中村も相川亮二がいなくなり、独り立ちしようとしていた。

チーム躍進の鍵は投手陣が握っていた。なかでも重要だったのは、守護神バーネット。もともと彼は私が監督代行になった年に来日して、当初は先発をやっていたが成績を残せず、1度は戦力外になっている。

しかし、次の新しい外国人との契約がご破算になったということで再契約になって、それか

らリリーバーとして花開いた。絶対的な抑えに君臨していたイム・チャンヨンが抜け、2015年には抑えのエースとして成長していた。

シーズン途中にはヒジのケガから館山が復活した。オンドルセクや成瀬の加入もあり、投手陣に新しい戦力が加わっていた。2年連続最下位で選手の気持ちが沈んでいたところに、球団が選手の補強に積極的に動いたというのも非常に大きかった。うちは今までフリーエージェント選手の獲得に積極的ではなかったが、この年、成瀬、大引と一挙に2人を取ったのは大きなプラスの効果があった。

今年はやるぞという球団の本気度が選手にもすごく伝わっていたのだと思う。仮に、2年連続最下位なのに何も動かなかったとなったら、選手からの不信感じゃないが、チームとして一つにはなりづらかったのではないだろうか。機能していたかどうかは別にして、シーズン途中でデニングという新外国人の獲得もあった。球団が見せた本気の姿勢に、選手たちは大いに触発されたと思う。

前半戦は首位DeNAと僅差の4位で折り返し、後半戦から快進撃が始まっていく。繰り返すが、基本的に選手たちは個人事業主。だから、まとまりというのは勝っていくことで自然と出てくる。

結果が出ないと、まとまれと口で言ったって、なかなかそうはいかない。無論、負けが続けば、どんどん悪いほうへ行って、負のスパイラルにはまってしまう。確固たる実績を残している選手は別として、多くの選手はチームの成績はもちろん大事だが、まずはいい個人成績を残さなければ、最悪の場合は戦力外となってしまう。

優勝が見えていたら、多少自分を犠牲にしてでもチームのためにと思うだろうが、優勝はおろかBクラスのほうが近ければ個人主義に走りがちになる。負けのこんでいるチームには、こういった負のスパイラル現象が起きているはずだ。

強いチームには反対のプラスの好循環が発生している。だから、チームは常に優勝を目指し、さらなる進化を続けていかなければならないのだ。

そういう意味では、この２０１５年シーズン、ヤクルトはチーム全体が上手く機能していた。チーム成績と個人成績がともに伸びていった。打つほうでいえば、バレンティンはケガでいなかったが、その分、雄平が活躍し、畠山、川端にしてもキャリアハイ。畠山は打点王、川端は首位打者、山田は本塁打王と盗塁王の2冠に輝いた。

石川の存在

ピッチャーでは後ろの外国人の３人もそうだが、この年は左のエース石川の頑張りも大きかった。

彼は２００2年入団で、ヤクルトが前回２００１年に優勝した翌年に入団したから彼はこの年まで13年間優勝を経験していなかった。長年にわたりヤクルトを支えてきたのに優勝経験ゼロ。だから２０１５年、優勝に懸ける思いは人一倍だったはずだ。

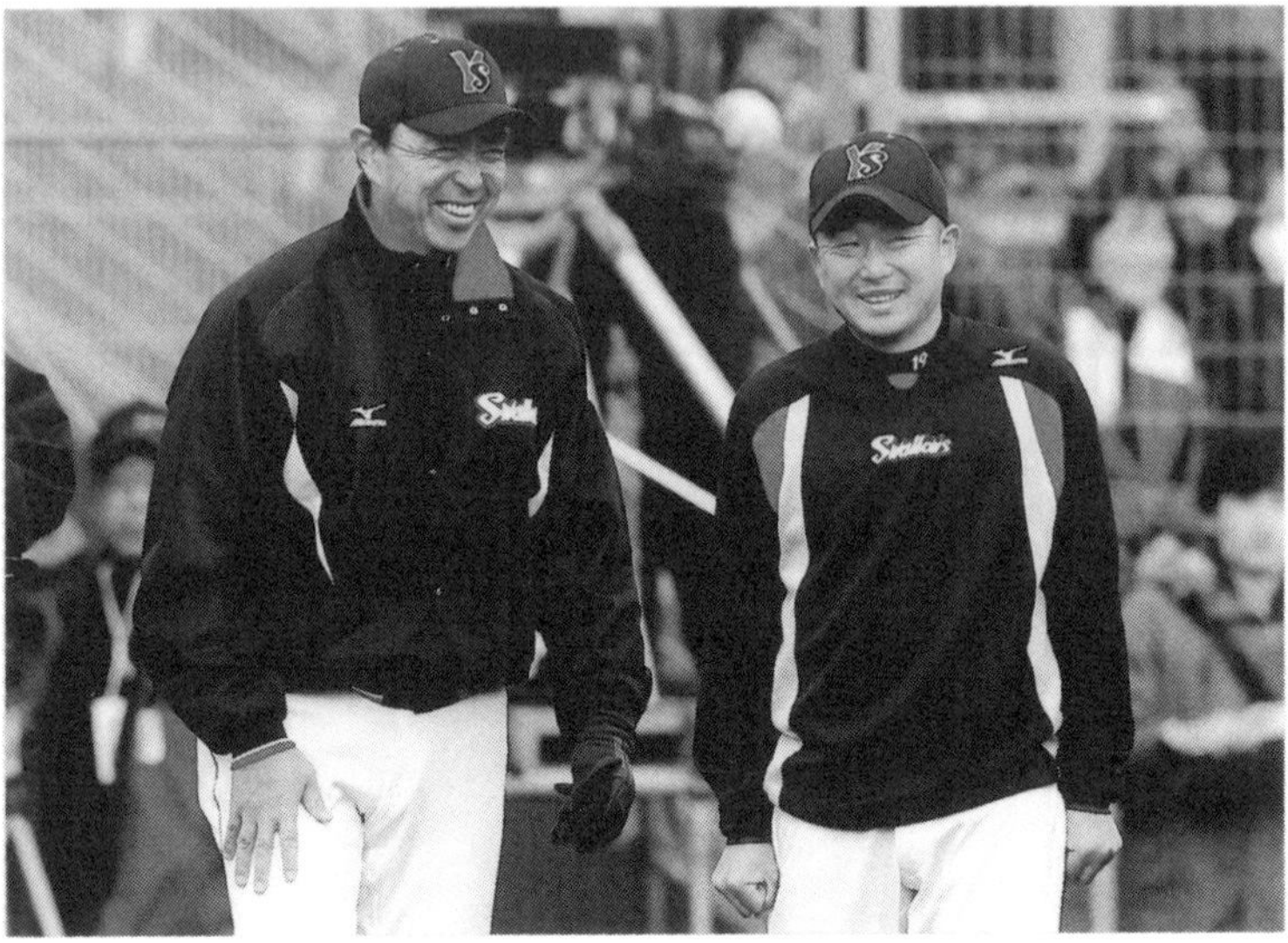

2013年の春キャンプ。小さな体ながら背中でチームを引っ張る石川雅規（左）は若手選手から慕われるスペシャルな存在。今も進化を続けている

改めて石川のすごさに触れると、やっぱり精神力の強さである。小柄なため、スピードボールで相手をねじ伏せるようなピッチャーではないけれど、とにかく負けても負けてもへこたれず打者に向かっていく。

内心はへこたれていたとしても、そういう弱気な姿を人には一切見せずに、その場その場を一生懸命やって結果を出す。常にマウンドではカッカしていて、人の話は耳に入ってこないらしい。それぐらい試合に入り込む選手なんだ。彼に関しては、監督時代、試合も調整も完全に任せていた。

青木もそうだったが、石川は何歳になっても新しいことにチャレンジしている。フルモデルチェンジまではいかないが、マイナーチェンジを毎年のよ

うに繰り返し、常にいいものを取り入れようとしている。それはほとんど本人にしかわからないような感覚的な部分で、はた目にはどこを変えたのか見分けがつかない。

チーム内の強打者に意見を聞くこともあった。青木にバッターボックスに立ってもらい、「バッター的には今の球どう？」「バッターはどう考える？」なんて意見交換することもある。また、まだ実績のない若手ピッチャーにも、取り入れたい球があったら「その球、どうやって投げてる？」と聞いたりもしていた。

常に進化を求めて止まない姿勢。石川と青木はヤクルトの財産だ。

石川は別に言葉で何かを言うわけじゃない。とにかく日頃の練習に対する姿勢とか、試合に入っていく姿勢とかが若い選手にすごくいいお手本となっている。彼が2軍に行った時には、2軍のピッチャー陣がピリッとする。スペシャルな存在だった。これが石川じゃなくて、他のベテラン投手だと正直ピリッとはしない。

なぜ石川にはそういった特別なオーラがあるのか。きっと石川は自分の言っていることとやっていることがマッチしていて、自分を厳しく律している姿を選手たちみんなが見ているからだろう。ベテランになれば、運動量が減ってくるのが普通だが、動ける時にはきっちり走り込んでいる。そんな石川の姿をみたら、若手はやらないわけにはいかない。小さい体ながら背中で引っ張る姿は、投手版の若松さん。周りから一目置かれている。

勝ちに対する情熱も人一倍あり、いまだ衰え知らず。年々、人間性もよくなっている。いい意味で丸くなっていない。本人いわく、本格派で速球派だということだが、年を重ねるごとに

2011年、勝利投手となった館山昌平（右）を出迎える

スピードこそ劣るものの、野球人として、人間として、成長し続けている。

石川は2025年の今年、45歳でプロ24年目を迎えている。現役最年長選手だ。なぜあの小さい体でここまで長くやれているのか。私が思うに、彼が瞬発力に頼らず小柄な自分の体を上手に使えてきたからだと思う。目の覚めるような150キロを超すような速球ではなく、球のキレで勝負する技巧派だったから。

体の大きい人は往々にして力任せになり、バランスをとれなかったりする。大柄な村上も昨年末、「今年（2024年）、2冠王をとったけど、やはり大谷さんを意識しすぎました」と反省していた。誰しも必要以上に力を出そうとすると無理が生じて、形が悪くなり、自ずと悪い方向へいく。

村上は違うが、身体能力が高い人って考え方が浅はかな人が多い印象がある。石川の話をしたなら、館山にも触れないわけにはいかないだろう。監督時代、館山はＣＳなんかでも中２日で先発したり、本当によく投げてくれた。彼はそういう男気があり、自分のヒジの状態と相談して投げられる人だった。

中２日で投げても、「次の日も投げます！」ぐらいのことを言う。トミー・ジョン手術を受けること３回、ヒジを中心に全身には１７５針の傷跡があり、もうだめかと思っても復活してくる。すごいメンタルの持ち主だよ。彼の存在は頼もしく、何度もチームを助けてくれた。

江夏さんの言葉

こんなにも多くの熱狂的なヤクルトファンがいたのか――。２０１５年10月2日、明治神宮球場で行われた対阪神戦。球場は試合開始から異様なムードに包まれていた。優勝マジックは1。この試合に勝てば東京ヤクルトスワローズの優勝が決まる。

試合はヤクルト・阪神両者譲らず、延長に突入していた。1対1の同点で迎えた11回裏二死一・三塁、バッターボックスには雄平が立っている。相手投手は能見《のうみ》篤史《あつし》。「雄平！　雄平！　雄平！」。悲鳴にも似た大声援が球場全体に鳴り響く中、雄平の放った打球は1塁線を破り、劇的なサヨナラ勝ち。

東京ヤクルトスワローズは２００１年以来14年ぶり7回目のリーグ優勝を果たした。前年度最下位からのリーグ優勝は1976年の巨人以来で、2年連続最下位からのリーグ優勝は2001年の大阪近鉄バファローズ以来。また、巨人と中日以外のチームがリーグ優勝を果たすのは2005年の阪神以来10年ぶりだった。

選手はグラウンドに一斉に集まり歓喜の輪を作り、真中監督や高津、カツノリ（野村克則）らコーチも飛び跳ねて喜びを分かち合っている。

この試合、シニアディレクター就任1年目の私はたった1人でスタンドから観戦していた。雄平がサヨナラヒットを打った直後、立ち上がって喜んだ私の携帯が鳴った。誰かなと思ったらなんと江夏豊《えなつゆたか》さんからだった。

江夏さんは開口一番、「おめでとうな。おまえが頑張ったから、おまえの力でこうなったんだ」。そう言われた瞬間、涙が出てきた。止まらなかった。

江夏さんとは私が監督だった時に雑誌の取材で何度か対談をしたことがあり、そんなことがきっかけで以後、キャンプに来られた時などは声をかけていただいていた。しかし、江夏さんは私からしたらスーパースターで雲の上の人。そんなに親しくさせていただいていたわけではない。それなのに、ちゃんと私のことを想い、密かに気にかけてくださっていたのだ。

前年まで私はヤクルトの1軍監督だった。代行時代を含めて約5年、監督をやらせていただいていた。その5年の間、優勝まで本当にあと一歩のところまで迫ったことも、2年連続で最下位を喫したこともあった。とにかく一度も優勝の美酒を味わうことはなかった。

だから、この優勝は私にとっては正直嬉しいだけじゃない、うらやましさや少し複雑な思いもある優勝。大胆にして繊細な江夏さんは、決して口には出せない私の想いをくみとり、心を救ってくれた。報われた――そう思った。

連覇を狙った２０１６年

２０１５年は念願のセ・リーグ制覇を果たしたが、日本シリーズではソフトバンクに1勝4敗で敗れ、日本一にはなれなかった。ソフトバンクには力の差を見せつけられた。勝ったのは、山田が日本シリーズ史上初の1試合3打席連続本塁打を記録した第3戦のみ。柳田、イ・デホ、松田宣浩《まつだのぶひろ》ら擁するソフトバンクの攻撃陣は強力で、リードされて進む試合が多く、ヤクルト自慢のリリーフ陣が本領を発揮する展開にならぬまま敗れ去った。

その悔しさを晴らすべく臨んだ２０１６年は一転して苦しいシーズンとなった。開幕から4連敗を皮切りに以後も低迷。結局、5位でシーズンを終えた。前年度優勝を勝ち取った反動もあったかもしれない。投手は石川、館山、ルーキー原樹理がケガで戦線離脱、野手陣もバレンティン、山田、畠山、川端、雄平、大引と主力にケガ人が続出した。

由規が１７８６日ぶりの勝利を挙げたり、山田が2年連続でトリプルスリーを達成するなどの活躍もあったが、戦力は最後まで整わず、特に投手陣はチーム防御率4・73（5位のＤｅＮＡと約1点差の開き）とセ・リーグ6位の投手成績だった。

外国人選手は難しい

2016年の低迷はリリーフ陣の影響も大きかった。前年度の好調だった投手陣から抑えのエース・バーネットがメジャー挑戦でいなくなり、ロマンもチームを去っていた。バーネットの代わりに抑えを任されたのは前年度に8回を担当し、大いに優勝に貢献してくれたオンドルセク。しかし、彼の野球に取り組む態度が変わってしまったのだ。

オンドルセクはもともと荒っぽく、元メジャーリーガーということもあり、プライドが高く扱いにくい部分があった。去年までは日本での先輩バーネットがいたことで、抑えられていた。しかし兄貴分のバーネットがいなくなったことで、本性が露わになり、弾けてしまった。

味方のエラーに激昂して、ベンチでも大暴れ。首脳陣のいうことも聞かなくなるなど、わがまま放題となっていた。実際は2015年の終わりから兆候はあったが、いよいよお目付け役がいなくなり、暴走がすぎるということで、「もう要らない。あんなのを置いておいたら……」となり、2016年のシーズン途中で退団となった。

2015年はバーネットが外国人投手のリーダーとして、ちゃんと締めるところは締めていた。投手陣に対してだけでなく、バレンティンにも緩慢な守備をするなと怒っていた。バーネットの事情は仕方がないとしても、もう一人の先輩、ロマンが退団しなければ、オンドルセクの増長はなかったのではという声もあった。しかし、ロマンはおっとりしていてお目付け役ができるタイプじゃなかった。

実はバーネットも日本に来たばかりのころは自分本位で感情が抑えきれない場面もあったが、いろいろ経験を積みながら彼自身変わっていった。彼は最初先発をやっていたが、結果を残せず、中継ぎ投手として8回を任せたら機能した。やっぱり適材適所というのはあるんだ。彼のカッカする性格からすると先発は向いていなかった。

最後はヤクルトの守護神として惜しまれながら、「向こうでも頑張ってね」とすごくいい形で出て行ったバーネットだけれど、1度解雇となったときには、決して愛されているとはいえず、退団を惜しむ声はなかった。抑えに回って1年、2年やって見事に花が咲いて、こういう成長の仕方もあるんだと思った。２０１０年に入団して、年数はかかったけれど、決して日本の野球をばかにせず真摯に取り組んだことで花開いた。

オンドルセクも２０２３年度のケラも、はっきりいって日本の野球をバカにしていた。やはりそういう選手は活躍できない。

しかし、外国人選手というのは本当に難しい。日本の野球にマッチするかどうかだけでなく、人間性も含めて、実際に一緒にやってみなければわからない。編成上も外国人を当てにしちゃだめで、日本に来て活躍したとしても、戦力として当てにするのは2年目以降だ。

それにしても、どうすればオンドルセクの暴走を止められたのか。外国人選手における環境というのも編成面での課題の一つとなった。

ヤクルトの外国人スカウト活動

ヤクルトに限らず、シーズンの成績は外国人選手が活躍するかどうかが重要なウエイトを占めていることは否めない。

2025年現在、ヤクルトにおける外国人選手のスカウト活動は、国際担当の奥村を中心に動いている。彼が2〜3月と8〜9月の年に2回、アメリカに行く。基本的には元ヤクルトのガイエルとバーネットが駐米スカウトとして日々候補選手をチェックしていて、奥村がその2人に指示を出す形で進めている。

昔、インディアンス（現ガーディアンズ）とうちが業務提携していたことがあり、その時は、インディアンスのほうからリストをもらっていたりしていた。リストには契約条項の観点なども含めて、日本に行きやすい選手とか、そうじゃない選手が載っていて結構助かった。

シニアディレクターだった時に、私も奥村と一緒に春の時期にアメリカに行ったことがある。オープン戦を見るにあたって、インディアンスにチケットなど全部手配してもらった。アメリカはスカウトがすごくリスペクトされていて、用意されていたのはバックネット裏の特等席。キャッチャーのすぐ後ろで本当に近くで見ることができた。そのあたりの席はスカウトが全部陣取っていた。

常駐でチェックしているのはガイエルとバーネットだけ。それだけに2人の観察眼にかかっている部分は結構大きい。２人は仲がよく、お互いに選手をクロスチェックしているという。ガイエルとバーネットは、選手を見る力と、彼らの人間性が信頼でき、今のところベターだろうということで、この２人にスカウティングをお願いしている。駐在を置くようになったのはここ最近の話。衣笠社長がアメリカに駐在を置けと強く言ってから始まった。それまではアメリカに行ったら最初に提携先のインディアンスの施設を訪れて、インディアンスの編成やスカウトと話をしてそこからのスタートだった。

外国人選手が日本にきて活躍できるかどうかは、選手としての能力があるというのは大前提の上、日本の野球にアジャストできるかが鍵になる。バレンティンも最初は日本の野球を一切受け付けなかったけれど、あいつは頭がよくて、次第にコミュニケーションを取るようになり、引き出しをどんどん増やしていった。その点、あいつは素晴らしかった。

日本であれ、メジャーであれ野球はチームスポーツ。団体競技である以上、人対人というのは避けて通れない。そういう意味で人間性というのは大事なんだ。

しかし、何度も言うが外国人選手はいろんな意味で難しい。

メジャーの年俸は年々高くなり、今では最低でも1億円。昔みたいに3、4000万で来日する外国人選手はいない。向こうの最低年俸を出さないとまず来ない。途中でこちら側が解雇した場合は契約した年俸は払わなくてはいけない。向こうから辞めるといえば別だが、まずそんなことはない。

そのくせ、彼らは母国の医者に診てもらいたいとかなんとか言って帰ろうとする。それで、そのまま帰ってこなかったりとか。だから契約書の内容がけっこうすごい。なかなか前評判どおりではないこともある。バレンティンも最初は守備や走塁も評価されていたのに打ち始めたら、すっかり横着になり、ほんとに動かなくなった。あれは中南米特有の性格なんでしょう。わがままで、気分のムラがあって。

前述したが、彼をハンドリングし、ヤル気を引き出すためにずいぶんお金を使った。バレンティンとのお金に関しては交際費として計上できず、監督賞は全部自腹だった。彼には何百万とかかった。今考えたらバカみたいだった。なにか人参をぶら下げると打つんだ。

青木の話

これは青木宣親から聞いた話。バーネットのリーダーシップの話じゃないけれど、メジャーにおいても選手間の人間関係だったり、チームワークというのは重要で、青木がメジャーに行って一番感じたのはそういうところだったらしい。

あんまり人種や民族の話を言っちゃいけないが、黒人選手は能力は高いが個人主義に走りがちで、白人選手はプライドの高い人が多かったという。基本的にメジャーリーガーも日本と同じく、みな個人事業主だから、チームワークというのは難しい部分がある。

ただ、個人の主張がどこまでもいきそうなところを、白人の中にチームの雰囲気や規律を引き締めるリーダー的選手がいると、チームはよくまとまるのだという。

青木がサンフランシスコ・ジャイアンツにいた当時、白人でバスター・ポージーという選手がいて、その選手がちゃんとリーダーシップを発揮していたから、ジャイアンツは強かったと言っていた。

リーダーの存在の重要性を改めて感じたエピソードだった。しかし、リーダーの素質を持った人というのはそんなにはいない。青木はメジャーに行って、そういうことを経験したから変わったのだろう。ヤクルトに復帰してからの彼にすごく成長を感じた。

２０１７年、屈辱のシーズン96敗

２０１６年の5位から覇権奪回を期して臨んだ２０１７年はさらに、真中ヤクルトにとって厳しい最悪のシーズンとなった。

前年に引き続き、川端、畠山、バレンティン、中村、小川、秋吉、雄平、大引ら主力にケガ人が続出し、山田も絶不調。前半戦だけで2度の10以上の大型連敗。最下位になっただけでなく、シーズン96敗という球団ワーストの記録的大敗を喫したのだ。

チーム打率・得点・本塁打もリーグ最下位。中日を相手に10点差を逆転して勝利するなどミラクルな試合もあったが、終わってみれば首位広島とはじつに44ゲーム、5位の中日にも15・5ゲーム差をつけられるという、ダントツの最下位に終わった。

あのときチームに何が起こっていたのか。

２０１５年に優勝はしたけれど本当の力がチームになかったのだと思う。個々でいえば成績を出すだけの能力を持った人はいたけれど、継続して力を発揮することができなかった。ＳＤとして、グラウンドから少しだけ離れた立場から見た時、選手たちに勝利への執念を感じられなかった。完全に諦めた状態で戦っていたような、そんな印象を抱いた。

2年前に14年ぶりに優勝したことでホッとした部分もあったのかもしれない。本気になれば俺たちはやれるという慢心もあったかもしれない。しかし現実としてチームは負けが重なり、負のスパイラルにハマってしまったのだろう。1度優勝したからといって現状維持に腐心するだけでは継続して勝っていくことはできない。選手も1年たてば、1歳年を取る。他球団も成長しているわけだし、つねにブラッシュアップしていくことは必須だ。

シニアディレクターとしても反省すべきことは多々あった。甘かった。毎年優勝を狙えるだけの戦力を1軍の現場に提供することができていなかった。優勝したとき、優勝したからこそ戦力補強をすべきという考え方と、逆に優勝したときこそ若い選手を育てていく時期に充てるべきという考えもある。そこは両方考えていかないといけなかった。

やはり大型連敗があると、そのシーズンの躍進は難しい。負のスパイラル、悪循環を止められる、真のリーダーの存在の必要性を強く抱くことになった。

戦力補強の重要性

２０１７年のシーズン大敗を受けて、改めて思ったのは、やはりいいときほど補強が必要だということだった。思い返すのは4位で終わった２０１０年シーズンのこと。その暮れに、監督だった私は翌２０１１年に向けて投手の補強だけフロントにお願いした。

２０１０年は村中、由規、館山、石川がそろって10勝以上していたが、村中と由規は初の二桁勝利で翌年は絶対に成績を落とすと思っていたのだ。しかし、こいつらがいるじゃないかとフロントに一蹴されてしまった。案の定、２０１１年シーズン、村中（4勝6敗）はだめ、由規（7勝6敗）はケガをしてしまった。最下位だから優勝だからとかではなく、常に補強を怠らない、戦力アップの姿勢をみせるというのは大事なこと。

仮に優勝したからといっても補強は必要で、前年より戦力アップしてはじめて現状維持が望めるのであって、なにもしなければ成績は落ちる。下から選手が出てくるのが理想だけれど、現実はそんなに甘くない。

まして優勝すればマークがきつくなる。相手も対策してくる。現状、年々夏が異常なほど暑くなるなど、昔より選手の体のメンテナンスが必要にもなっている。

真中監督辞任

２０１７年シーズンの8月後半、真中監督が今季での退任を発表した。正直、まさか辞めるとは思わなかった。というのも、マネージメントの能力は優れていて、球団の評価は決して低くはなかったのだ。

「チームの全責任は監督が負う」というのはあるけれど、実際に監督がすべてをやるわけじゃないし、勝てば選手の力だし。言ってしまえば、やるのは選手。駒をうまく使うのが監督で、その駒自身が弱ってしまっていたら、監督としてやれることはかぎられてしまう。

96敗という結果だったから、駒の使い方が悪くなかったとはいえないが、駒不足だったのは事実。我々編成サイドの問題でもあった。実際に駒がそろっていた2015年はその駒をうまく使って優勝している。

真中もしんどかったと思うけれど、シーズンが始まってしまえば、現場に介入することもできず、もう頑張れと応援するしかない。SDが監督を飛び越えて、選手を集めて何か話をするなんてこともできない。現場は現場。言い方は悪いけれど、現場はこの金額でチームを強くしてください、このメンバーで勝ってくださいと託されて契約している。それに対してフロントが余計なことはできない。

SDとしてやれることとして、補強、とくにトレードというのがあるが、なかなかシーズン中は難しい。時期の問題だけでなく、前提として、自分のところにいい駒がいなかったら動けない。いい選手をほしかったら、それに見合うだけのいい選手を出さなければいけないが、うちはケガ人ばかりだったのだ。

2014年のトレードの時も、ソフトバンクから山中浩史《やまなかひろふみ》と新垣渚《あらかきなぎさ》が来て、うちから川島慶三と日高亮《ひだかりょう》が行った。このトレード、川島慶三は出したくなかった。本当に彼だけは……。

ショートを主に守った川島は完全なレギュラーではなかったけれど、攻守ともに本当に優秀なスーパーサブだった。そういうところで力を発揮できた。じつに使い勝手のいい選手だったけれど、さあレギュラーかという時に必ずケガをしていた。２０１１年だって、開幕戦でいきなりデッドボールを受け骨折だった。

監督後任人事

監督人事は基本的に私の範疇の外だが、真中監督の辞任が確定した時、「じゃあ次の監督として候補は誰がいるかね」と衣笠社長から相談を受けた。その時に、古田や池山、宮本らヤクルト黄金期を支えた人たちの名前を出した。

ヤクルトは2軍監督から1軍監督に昇格するというパターンが定着していたから、記者たちは２０１６年まで1軍の投手コーチを務め、２０１７年は2軍監督だった髙津が次期監督だと踏んでいたらしい。

監督が決まらないと、コーチ人事も決まらない。監督の決定権をもつ衣笠社長に、「誰が監督になりますか」と聞きにいくと、「いや、もうちょっと待ってくれ」。その答えはなかなか出てこなかった。そろそろ声を掛けないと、みんな来季の契約をどこかで結んでしまうという時期になり、一応、宮本慎也に話をもちかけた。

宮本に声をかけたのは、執念というのをもう一度チームに植え付けなければならない、もう

1回基本に立ち返らなきゃいけない、それには厳しさを入れなきゃいけないという思いがあったからだ。

それで宮本にヘッドコーチをやってくれないか、と打診すると、

「監督は誰ですか？」

「いや、監督はまだ決まっていないんだけど、やってくれない？」

「いやいや、監督が決まっていないのに返事できないでしょ」

「それはそうだよな。じゃあ監督が決まったら連絡するわ」

そんなやりとりがあった。

再び衣笠社長に「監督は誰になりましたか」と聞くと、「いや、もう1週間待ってくれ」との返事。1週間後、3たび尋ねると、衣笠社長は「じゃあ、あんたにやってもらうから」と言う。「私ですか!? すみません、ちょっと考えもなかったので、少し時間をもらってもいいですか」とびっくり仰天。「わかった。じゃあ明日、返事をくれるか」

10月の初旬で、シーズンはまだ終わってなかった。明日!? 次の日は朝から、2軍の戸田球場に行かなきゃいけなかった。戸田球場には衣笠社長も来る。監督を打診されたのは夜で、ナイターが終わって、家に帰ってよく考えて、という時間がない。翌朝は7時ぐらいには家を出なきゃいけない。

その日の深夜、監督打診の話を女房にした。「そんなもん、やるべきでしょ」。女房はたくましかった。

次の日、戸田に行って、「じゃあ、すみません、やらせていただきます」と告げ、私の２度目の監督就任が慌ただしく決まった。後日、衣笠社長から「断るわけないと思った」と言われた。

まさかの２度目の監督就任

２０１０年から２０１４年まで監督をやっていた時期に２年連続最下位というのがあり、シニアディレクター時代もチームがあまりいい成績じゃなかった。そう考えた時に自分がなるべきじゃないという思いがすごくあった。

突然の打診だっただけに、あの時の借りを返したいなんて思いは１つもない。本当に、まさかだった。ああだこうだと考える間もなく話が進み、頭の中は混乱していたが、頼まれたことは断らないのが私のモットー。受けると言った以上は、さまざまな批判があることを承知で覚悟を決めた。

10月でまだドラフトなどシニアディレクターとしての仕事も残っている。だからSDの仕事と並行しながら、組閣の準備も進めていった。なかなか大変なことになるなと思いつつも、その瞬間はシニアディレクターと監督の兼任状態。編成と現場が私のところで一本化されている。私の意向が基本的にそのまま通るから調整はない。スムーズに事は進んだ。

その年、１軍のコーチだった三木肇やカツノリは責任という形で２軍へ。たまたまちょうど戸田に行っている時にサンスポの記者から広島の河田雄祐《かわだゆうすけ》コーチ辞任の話を聞き、本人に声をかけたところ、同じ日にやはり広島の石井琢朗コーチも辞めるという話が入ってきたので、だったら一緒にということで、2人にオファーをして来てもらうことになった。

前述した宮本はヘッドコーチとして招聘。巨人で投手コーチやスコアラーをしていた田畑一也《たばたかずや》も招いた。コーチ陣の顔ぶれは大きく変わった。ヤクルトは基本的にOBがコーチになる球団だったが、新しい風をじゃないけど、厳しさを持ち込むためにも、一新しなきゃいけないという思いもあった。

宮本や田畑はヤクルトOBだが、河田や石井は接点がないように思われるかもしれない。しかし、河田は帝京高校で編成部長の伊東昭光の後輩だから知らない間柄ではない。石井も私が監督をやっている時に、彼はまだ広島の選手だったがちょこちょこ話していたりして、まったく縁がなかったわけではない。とにもかくにもこうして組閣を行い、来るべきシーズンに向けて動き出した。

今回の監督就任、私自身は本当に〝つなぎ〟の監督だと認識していたから、私の時代に優勝するというより、次の監督が優勝できるようにする、そこにつなげていくための期間にしないといけないと思っていた。

球団からは2年、3年かけて強いチームを作ってくれといわれていた。しかし、そうはいってもいざシーズンが始まったら、目の前の一試合一試合の勝ちを求められる。それはプロ野球だから当然。理想論かもしれないが、勝ちにいきながら、次世代を担う選手たちをどう使い育てていくかというところが、私に託されたことだと把握していた。

もっといえば、一過性ではない、長きにわたって優勝争いのできる、真に強いチームを作る準備が私に与えられた使命だと感じていた。

２０１８年シーズン

２０１８年、シーズン前に大きなニュースが飛び込んできた。２０１２年からメジャーに挑戦していた青木がヤクルトに戻ってくることになったのだ。

じつに7年ぶりとなる復帰。他の球団からの誘いもあったはずだが、なんとかうちにということで衣笠社長が頑張って引っ張ってきてくれたのだ。即戦力中の即戦力なだけに、期待に胸が躍った。

そして、のちに日本プロ野球史に名を刻むことになる大物、村上宗隆がルーキーとして入団したのだ。

この年は主力選手に大きな故障者が出ず、チームは順調にスタート。交流戦においては最高勝率を決めた。山田は史上初となる3度目のトリプルスリーを達成し、盗塁王に輝いた。バレンティンも１３１打点をマークし打点王を獲得。投手陣はブキャナン、近藤一樹《こんどうかずき》、石山が活躍、特に近藤は最優秀中継ぎ賞に輝くなど大車輪の働きを見せた。

チーム打率は・２６６でセ・リーグ1位、シーズン成績は、首位広島に大きく離されたものの2位だった。主力にケガ人さえ出なければこれくらいはやれるポテンシャルを秘めたチームではあったが、それでもこの年、チームを支えたのは青木の力だった。

メジャーに行く前の青木はモチベーションを失いかけていたし、どちらかというと自分中心に考える、個人主義的なプレーヤーだった。しかし、メジャーで相当苦労したのだろう、人間的に大きく成長し、リーダーシップを身に付けていた。性格はそう簡単に変わらないという人もいたが、ビックリ。青木は別人のように成長し、チームを引っ張ってくれた。

シーズン終盤には、期待の大型新人、村上が初打席初本塁打のド派手な1軍デビューを飾った。結局、2度目の監督1年目の2018年を2位で終えた。山田とバレンティンの復活、実力者・青木のヤクルト復帰、ニューフェイス村上の登場で否が応でも期待が高まる来季2019年シーズン——しかし現実は甘くなかった。

2019年シーズン

この年、元ヤクルトでメジャーで活躍後ソフトバンクでプレーしていた五十嵐亮太《いがらしりょうた》が新たに戦力に加わり、シーズンがスタートした。

青木・山田・バレンティンの3者連続ホームランがシーズンに2度飛び出すなど打撃陣は比較的好調だったが、投手陣が振るわなかった。

シーズンを決定的にダメにしてしまったのが、5月14日から6月1日にかけてのリーグワーストに並ぶ16連敗だった。この年、じつは5月の中盤まで貯金も作れていてチーム状態はよかった。しかし、４点リードしていたのに９回裏に追いつかれて、その後延長でサヨナラ負けしたゲームがあり、そこから歯車が狂い、16連敗につながってしまった。

いつもヤクルトはよくも悪くも5月に何かが起きる。しかしこれはオカルトでもなんでもなく、5月というのはちょうど選手たちに疲れが出る頃で、あの年は結構連戦が続き、へばってきていた。

ただ5月に疲れが出るのも、日程がキツイのも条件はどのチームも同じ。プロ野球では付いて回るもの。そして、16連敗したことで実質、シーズンは終わってしまった。

何度もいうが、チームというのは負け出すとどんどん悪いほうのスパイラルにはまっていき、なかなか抜け出せなくなってしまうのだ。

野球はピッチャーが7割というが、正確に言うと、投手と野手がうまくかみ合うか否かが大事。連敗中は野手がたくさん点を取った時に投手がたくさん点を取られ、逆に投手が抑えた時には、野手が点を取れないということが続く。

本当に不思議なもので、16連敗の時は勝っていても負けるから。勝っていても負けるんですよ。不思議とそういう流れになってしまうので、その流れを断ち切らなきゃいけないのだけれど、その断ち切るものが何なのかというのが、現場にいるとなかなかわからなくなってしまう。

その悪い流れを断ち切れるのが真のエースや４番で、そういう大きな幹のような選手が連敗ストッパーになるのだろう。しかし、そういう存在はその時のチームにはいなかった。ピッチャーでいうと小川が一番核になるべく人に近いはずだが、彼も入ってすぐに16勝、9勝、11勝ときて、あとは8勝とか一桁がずっと。本当の核になれない。

外国人もなかなかそこまでにはなれない。ブキャナンも10勝はしていても10個負けるような投手。チームがどうにもうまくいかない苦しい時に助けてくれる本当のエースというのが不在だった。だから、継続的に強いチームであるためにはエースと4番は本当に必要な存在なんだ。

結局シーズンは、チーム打率・244、チーム防御率4・78でともにリーグ最下位。トータル成績は借金23の最下位に沈んだ。

この年の9月8日に私は監督の辞任を表明し、2度目となる監督業に終止符を打った。

ただ責任は自分が全部とり、宮本ヘッドコーチはチームに残すつもりだった。「責任を取るのは俺だから、おまえは残れ」と言ったのだけれど、彼の中の漢気だろうか、責任を取って辞めるといって聞かず、ともにチームを去ることになった。

2度目の監督である今回も優勝という結果は残せなかった。しかし、〝つなぎ〟の監督として、打者であれば村上、投手であれば高橋奎二という、黄金期を手繰り寄せる、楽しみな選手を2人残せたのではないかと思った。「ヤクルトを戦う集団に変えるんだ、真に強いチームにするんだ」と、宮本と思いを一つにして挑んだこの2年、少しはヤクルトを戦う集団に変えていけたかな、そんなことを思った。

1軍選手と2軍選手

1軍で活躍する選手とそうでない選手はなにが違うのか――長年プロ野球の世界に生きてきて一番に思うのは考え方の部分である。能力的なものは入ってくる段階ではそんなに大きく違わない。成長の度合いや努力が実を結ぶかは、本人の考え方や目的意識が大きく関係している。やはり漠然とただ一生懸命に量をこなしてもダメで、身になる確率は低い。やはり野村さんのいうところの「正しい努力」がキーワードだと思う。自分で考えて練習できる人間かどうか。たとえば、長打力はないが足の速い選手がいたとして、その選手が大きいのばかり打とうして練習していたらやっぱり違う。自分をどう客観視できるか。三遊間に転がして出塁することを第一に考えればいいのにフライをあげてしまう。きっと本人はコーチや周囲の人みんなに「ゴロを打て」と言われているはず。しかし、わかっていてもできなかったりする。

それは意識と経験に加えて技術の問題でもある。バットコントロールに優れた若松さんや篠塚は三遊間や一・二塁間など人がいないところを狙ってヒットを重ねていた。打ちたい方向にバットの面を向けて打っていく。そこにバットのヘッドが向いていく――これは技術である。

技術をものにするには、コツをいかにつかめるかにかかっている。いろんな引き出しを提示して、手助けをするのがコーチの役割で、コツ自体は自分でつかむほかない。

天才型の選手と努力型の選手

コツ云々以前に、持って生まれた能力だけで活躍できてしまう選手というのもたくさんいる。ヤクルトにいた飯田《いいだ》哲也《てつや》はそんな選手の1人。飯田と土橋勝征は同期で同じ千葉の高校から入団したが、タイプがまったく違った。

土橋はドラフト2位入団で飯田は4位入団。首脳陣の評価は土橋のほうが高かったけれど、土橋本人は飯田の天才がうらやましくて仕方がない。だから土橋はコツコツと積み上げていった。飯田はポジションをキャッチャー、セカンド、センターと3つもこなすなど、やはり器用な天才肌の選手だった。土橋ほど練習すれば、飯田はもっと成績を残せたはずだ。自分の才能に甘えてしまった部分があるかもしれない。

そんなこともあり、努力型の土橋は育成のコーチに適任だった。長岡、武岡はみっちり土橋に鍛えられた。山田哲人も2軍時代は土橋に試合のあとも絞られていた。土橋は一切妥協しない人で、とにかくねちっこく指導に当たる。

選手時代、土橋はバントでもエンドランでも自分の求められている役割をとにかく果たそうと、バットを短く持つなど徹底していた。自分勝手にホームランを打ちにいくとかは一切なかった。野球IQが高かった。

土橋も野村監督の教えで一番心に残っているのが「正しい努力」という言葉だったという。

ただ今やっている努力が正しいのか間違っているのかというのは、なかなか本人にはわからない。正確に言うと結果が出て初めてわかることでもあったりする。

ただ「正しい努力」とはいうけど、完璧に間違った努力というのもないと私自身は思っている。遠回りかもしれないけど、何かにはつながっているし、努力は無駄にならない。マイナスになるということはない。いずれは実を結ぶと私は信じている。そういう機会を得られずに、発揮できないまま、ある意味、時間切れで引退していく人もたくさんいる。

現役でいうと、土橋を感じさせるプレーヤーが宮本丈《みやもとたけし》。守備はどのポジションでも決してうまくないけど、困った時の存在としては非常にありがたい。性格的にピンチヒッターという役どころは非常にマッチしている。速い球にも強いし、ツーストライクに追い込まれても本当にねちっこく、対応していく。代打の１打席でも対応できるバッター。彼の姿勢は土橋に通じるものがある。一風変わった性格はしているが、そういう人のほうが代打に向いている。

一流選手は貪欲

一流選手はみな結果に対して貪欲で、執着心が強い。なんとしてでも結果を出すという執着心が練習のすさまじさにつながっていた。当たり前だが、長くプロ野球選手を続けるには、毎年、好成績を出し続けなければならない。

これも大きなくくりでいえば、〝考え方〟ということになるだろう。職業意識が高く、なんとしてでも成績を残してお金を稼ぐのだという強烈な意識。

結果、そういう努力をしていくと一風変わった性格に自然になっていく。野球に限らず、職人はみな同じだと思う。曲者だから成功するのか、曲者になるほど練習するから成功するのか、その両方だと思う。一流はエッジが利いた人物になっていく。

強いチームと弱いチームの違い

先ほど触れた「執念」というのは勝負事の1つのキーワードだと思う。強いチームと弱いチームの違いはさまざまあるが、勝つことに対する執念。勝ちへのこだわり。そういう思いが強いチームほど勝つ確率は高いと思っている。

個々人の技術はすぐに一気に伸びるわけじゃなく、毎日の積み重ね。しかし、投手、野手問わず、目の前の試合における一球一球に対する思いの強さは確実にチームを勝利に近づけている。絶対にこの球を仕留めるという執念。絶対にこの打者を抑えるという執念。そういうことの積み重ねが白星の数につながっている。

V9時代の巨人、毎年のように優勝していたときのソフトバンクにはそういった執念というか最後まで試合をあきらめない気持ちが選手みなにあったのではないだろうか。たとえば大差がついて敗色濃厚なゲームでも、あきらめず最後まで勝利をめざすその姿勢が次の試合の勝利につながっていると私は感じている。

野村監督は「勢いに乗っているチームが一番手強い」と語っていた。チームの勢いや試合の流れというのは感じるもので、目には見えない。しかし、確実に存在し、大きく勝負の結果を左右する。

自軍に勢いをつけ、勝利の流れを呼び込む、そのきっかけとなるもの――それが選手一人ひとりの一球に対する執念に起因しているのでは、そう思っている。

何度も繰り返すが、優勝を目前にしながら中日にかわされた2011年シーズン。落合さん退任の報道から、中日の強さがガラリと変わった。シーズン最終盤、中日とのナゴヤドームでの9連戦で1勝8敗。あれは執念負けしたのかもしれない。

勝ち続ける難しさ

日本ハムの栗山英樹、阪神の岡田彰布、ヤクルトの真中満、オリックスの中嶋聡《なかじまさとし》……監督就任1年目で優勝するケースというのはけっこうある。しかし、2年目以降が難しく連覇というのはあまりない。

3連覇していたオリックスの中嶋監督が昨年、5位になって辞任した。辞めた理由の1つに「チームの慣れ」を挙げていた。要するに全力疾走など選手たちに強く求めていたプレーの規範・約束事が、〝慣れ〟〝マンネリ化〟によりだんだん形骸化し、それを改善することができなくなったからというのだ。少なくとも個人的にはそういう理由だと解釈している。

中嶋監督のチーム作りというか、あれこそ本当のマネージメントがあっての3連覇だったんだなと思った。それにしても優勝し続けるというのは難しい。2016年から2018年まで3連覇した広島もその後はいまいち振るわないし、3連覇といった偉業を達成するとその反動か、"驕り"みたいなものはどこかに出てくるのだろう。

連覇だとか常勝について思う時、巨人のことを思い浮かべる。巨人はプロ野球界で最も歴史のある球団で、つねに強者であり続けている。毎年優勝するわけではないが、連続して下位に沈むことはほとんどない。

なぜ巨人は強いのか。それは圧倒的資金力を背景に豊富な戦力をつねに有しているからだともいえるが、それだけではないだろう。

巨人は厳しさが全面に出るチーム。原監督のときなんて周りにいるコーチたちがピリピリしていた。カリスマ的な監督がいるとまずコーチがピリッとする。その下の選手たちはいわずもがな。原辰徳という監督はトップダウンだった。原の下にいるヘッドコーチ以下、各部門コーチは大変だったと聞いている。巨人は自分から辞めていくコーチがけっこう多い。

誰に言われたわけではなくても、巨人に移籍する選手はみんな自発的にひげをそったり、髪の毛の色を黒に戻したりする。選手たちは、巨人ではそれが常識というのを認識し、定着しているということだ。

巨人はV9という偉業を達成した歴史のある球団。優勝できればいいではなく、つねに優勝しなければいけない、弱くあってはいけないというプレッシャーの下にある球団。常勝を義務付けられた巨人が有する、見えない〝伝統〟の力というのはやはりすごいといわざるをえない。伝統は選手たちの心にプライドを生みだす。伝統が巨人を強くしている要因の一つだろう。

第6章　甲子園優勝投手の実像

野球どころ千葉

この章では、私のアマチュア時代の話をしたいと思う。

私は1957年8月30日に千葉県の習志野市に生まれた。祖父に農家を営む両親、3人きょうだいで姉と妹の6人家族。千葉は昔から野球の盛んな地域だが、野球を始めたというのは小学校3年生の時。親戚のおじさんがグラブをプレゼントしてくれたのがきっかけだった。テレビでは巨人戦をやっていたが、実際に野球を始めるまでは、プロ野球中継は見ていなかった。父も野球に興味はなかったし、きょうだいも女2人。グローブをプレゼントされていなかったら、野球とは無縁の人生になっていたと思う。

本格的に野球を始めたのは小学校6年生の時。魚屋のおじさんとかが指導をする感じの町内会のチームに入った。今でこそ、身長は186センチあるが、小学校6年の時まで153センチ。中学校の2年から3年にかけて急激に伸びた。

小学校の時にピッチャーとサードをやっていて、中学校に入った時はサードだった。憧れていたのは同じ千葉出身の長嶋茂雄さんと世界の王貞治さん。あの頃、子どもたちのヒーローは長嶋さんと王さんで、みな3番と1番の背番号をつけたがっていた。

うちは農家だったから両親ともに朝も夜も忙しく働いていて、どこか遠くに遊びに連れていってもらった記憶はほとんどない。朝も夜もご飯はテーブルに用意してあり、きょうだいだけでご飯を食べていた。当時は一家団欒な、アパート住まいのサラリーマンの家族に憧れがあった。

親父は厳格な人で怖かった。勉強家といったら変だが、読書やいろんなところから知識を得ていた。また、祖父が仕事のかたわら、保護司をしていて、親父もそれを受け継いでいた。

基本的に無口な人だったが、私が高校に入って野球をやると決めた時、プロ入りを決断した時、2軍監督になった時など節目節目に言葉を残してくれた。私はやんちゃな悪さするタイプの子どもではなかったから父に激しく怒られたことはない。どちらかというと、いじめられっ子で、おとなしくて、あんまりしゃしゃり出るほうじゃない。地味な子どもだった。

習志野高校での試練

中学校は習志野第二中学校というところだった。ここの野球部は弱く、私が3年になって最初の試合に1度勝っただけで、あとはずっと負け。そんなだったから高校へ行って野球をやるという思いは強くなかった。

中学3年の時に地元千葉・習志野市の習志野高校が甲子園に出場。このチームには、のちに阪神のレジェンドとなる掛布雅之さんが2年生でいた。その掛布さんの同期の野球部の人が幼馴染で隣に住んでおり、その人や中学校のチームメイトに誘われて、なんとなく習志野高校へ進学し、野球部に入った。

習志野高校の野球部に入る際、口数の少ない親父から、「高校へ行ったら、殴られたり、〝説教〟があるかもしれないから、そのときは下っ腹に力を入れて耐えろ」とそれだけ言われた。殴りや説教はともかく、とんでもないシンドイ経験をすることになるとは、このとき思いもしなかった。

私が入部した時、掛布さんは3年生。掛布さんのバッティングは高校生離れしていた。グラウンドのライト側フェンスの奥に体育館があり、その先を京成電車が走っていたが、その電車に当たるのではという特大の打球を飛ばしていた。

甲子園に出ていたから、掛布という名前は知っていたが、映像を見たことはなく、どの人が掛布さんかわからない。しかし、1人だけ飛距離と速度の違う打球を放つ選手がいて、「掛布さんはあの人だ！」とすぐ気がついた。

掛布さんはキャプテンで優しい先輩だったが、掛布さんの同期に昨年、巨人の監督に就任した阿部《あべ》慎之助《しんのすけ》の父・阿部東司《とうじ》さんがいて、この方が怖かった。愛のある厳しさだったといわなきゃいけないのかな。気性が激しくて厳格で、几帳面な方だった。

慎之助と同様、お父さんもポジションはキャッチャー。私ら1年生のグラウンド整備が甘くてボールがイレギュラーバウンドしたりなんかしたら、すぐに〝集合〟がかかり〝説教〟があった。集合をかけるのは、たいてい阿部さんだった。

阿部さんに愛のある指導を受けている中、我々1年を助けてくれたのは、温和で普段何も言わない掛布キャプテン。下級生の引き締め役が阿部さんで、慰めるのが掛布さんだった。

実は阿部さんとは、のちに進む中央大学でも先輩・後輩の関係になる。息子の慎之介も何十年後かに中央大学に進んだ。習志野高校から中央大学に野球で進んだのは阿部さんが最初。そういう意味ではルートを作った人でもある。

掛布さんは高校3年時、阪神からドラフト6位で指名された。1年生にとって3年生は神様のような存在だから、当時、掛布さんと特段なにか話したことはない。何か言われても「はい」と「いいえ」しか言えなかった。

鬼すぎる石井監督

習志野高校の監督は石井好博《いしいよしひろ》さんという方で、習志野高校が1967年に全国初優勝した時のエース。ちなみに石井さんの2学年上には中日で活躍された谷沢健一《やざわけんいち》さんがいた。

石井さんは早稲田大学を出てまだ間もなく、掛布さんが3年生の時の夏までは違う人が監督をやっていて、その秋から監督になった。年は私より8つ上の血気盛んな24歳の青年監督だった。

あとから聞くと、石井監督は3年のうちに甲子園に出場するという契約というか約束のもと就任していたらしい。私の代が3年になった時が勝負どころとにらみ、練習はハードを極めた。

入部当初、184センチと体が大きかった私は、キャッチャーをやらされていた。習志野高校は2年前に甲子園に出場していたことで、優秀な選手たちが集まっていた。私の同期にも、中学から鳴り物入りで入ってきた好投手が2人いた。

1年の秋、その2人がケガをして、キャッチャーをやっていた私になぜか、ピッチャーのお鉢が回ってきた。思えばここが、野球人生の転機だった。以後は猛練習で投手としての才能が開花するとともにケガとの戦いになった。

2年の初め、私は投げすぎでヒジを痛めた。我慢して投げていたけれど、どうにもならなくなり、学校をサボって整体から接骨院から何から何まで行って、最後に整形外科に行ったら、「あんた、骨折してるよ」とギプスを巻かれた。亀裂骨折。

しかし、監督がこわくて「監督すみません。痛くて投げられません」とは言い出せなかった。仮に痛いと言ったところで、石井監督は早稲田流の逆療法の信奉者。「やれば治る」と言われておしまいになっていただろう。

のちに石井監督は「小川は骨折しても練習を休まなかった」と話していたという。違う、休まなかったんじゃなくて休めなかったんだ。このころから、「もうやめたいな」「もう嫌だな」といつも思っていた。でも、結局は私にやめる勇気がなかった。

ヒジを痛めた後、今度は足の甲を骨折した。スパイクが入らないような状態だったにもかかわらず、石井監督には朝、家から学校まで走ってこいと命じられた。実家は学校の最寄り駅の1つ隣の駅で、家から学校までの距離は約5キロ。

足を骨折していて、走れと言われても走れない。親父にそれを言ったら、さすがに車で学校近くまで送ってくれた。そこで体を濡らして、あたかも走って汗をかいたかのようにした。

しかし結局、その偽装はすぐにバレてしまう。すると、今度は隣の駅に家があるにもかかわらず、学校のすぐ近くにある後援会長の家に下宿しろとの厳命。わずか2畳ほどの狭い部屋での下宿生活、毎日、石井監督がそこに寄るから逃げることはできなかった。

親はどう思っていたかは知らないが、とにかく黙認。今と違って親がクレームを入れる時代じゃない。ある種、異常な世界が展開されていた。しかし、今振り返ると、その世界は私が招いたものだったようにも思う。おとなしくて、それでいて音を上げない、根性のある性格と思わせてしまったのだ。

忘れられない光景

ヒジや足をケガしたまま迎えた、2年の夏の大会。私がエースとなっていた。県内のライバルは銚子商業。のちに巨人から1位指名され大活躍する同い年の篠塚利夫と、その年ドラフト1位で中日に入団する1つ上の土屋《つちや》正勝《まさかつ》さんがチームを牽引していた。

その銚子商業とは4回戦で対戦し、2対0で負けた。この試合のスターティングメンバーは私と同じ2年生が7人、先輩の3年生は2人しかいなかった。

イニングの間、キャッチボールをやっていると最後の大会となる3年生の父兄が、泣きながら「頑張って」と私に言う。あの時の光景は強烈に記憶に残っている。我々に勝った銚子商業はその後、千葉県大会を制し、さらに全国優勝も果たした。

春のセンバツ大会出場

もともと弱小チーム出身の目立たない選手で、甲子園出場なんて考えてもいなかった。そんな私が真剣に甲子園に行きたいと思ったのは高校3年生の春、センバツ甲子園が終わってからだった。

変な話になるが、高3の春、習志野高校はセンバツ甲子園に出場していた。選考会となる2年の秋の関東大会に千葉県代表として出場。勝てば文句なしで甲子園出場となる準決勝で1つ下の原辰徳率いる神奈川県代表の東海大相模に1対3で負けた。

決勝は東海大相模と栃木の小山高校の対戦。このころの関東の枠は基本3枠で、東海大相模が勝てば、準決勝で敗れた習志野が3枠目の切符をゲットとなるが、小山高校が勝てば、小山に準決勝で負けた山梨の市川高校が出場となる。この決勝で東海大相模は小山高校に敗れた。しかし、センバツ出場の3枚目は、なぜだか知らないが、習志野になったのだ。

センバツ出場の選定は今でもときどき物議を醸すが、市川高校は納得がいかなかっただろう。とにもかくにも習志野は翌年の春の甲子園に出場することになった。普通、甲子園出場となれば大喜びするところだが、私の心は他人事のようにどこかぼんやり、のんびりしていた。

苦い記憶

この春の甲子園は私にとって苦い思い出となった。センバツに出るころ、私の肩は悲鳴を上げていた。石井監督に言い出せないまま迎えた初戦は、開会式直後の２試合目。相手は沖縄の豊見城高校だった。試合は０対３。試合時間１時間49分で完璧に負けた。

甲子園ムードを味わう間もなく、「はじめまして、さようなら」みたいな感じで甲子園を去ることになった。この試合、ゲーム開始を告げるサイレンがウーと鳴っている間にパーンと２塁打を打たれた。直後に牽制でアウトにするけれど、なにもかもがいきなりだった。

スピードガンがそんなに普及しておらず、何キロ出ていたかは定かではない。指にかかった時はそれなりの球を投げていた気がするが、指にかかるという確率がとても低かった。変化球はカーブだけで、コントロールも決してよくない。私はフォアボールを出しながらも、というピッチャーだった。本当に投手としてのいい思い出はない。

バッターとしては、甲子園の時は５番を任されていた。バッティングのほうが自信があったかというと、これがバッティング練習というのをほとんどやらせてもらえなかった。夏の大会前にちょこっとやる程度で、あとはずっと走っていろと言われていた。

センバツ後、千葉に戻ってきた私たちに聞こえてきたのは、「やっぱり銚子商業じゃなきゃだめだ」という地元の声だった。甲子園初戦で敗れた悔しさと、高２の夏の県予選、先輩たちを押しのけてレギュラーを張ったのに銚子商業に敗れた申し訳なさ。この2つの感情が重なり、初めて「甲子園に行きたい！」という自発的な強い感情が芽生えた。

本気になった最後の夏

なんとかもう一度甲子園に出場して、センバツ1回戦負けの雪辱を果たそう――思いを新たに再び始動したが、石井監督の鬼の指導は相変わらず厳しく、つらい毎日だった。肩やヒジに大きな痛みがなく、投げられる状態のときは1日に500球とか700球とか投げていた。今の感覚でいうととんでもない数。

ある合宿の時、石井監督不在の中で練習試合が行われ、我々は負けた。その晩、11時過ぎに石井監督が帰ってきた。寝ていたところを叩き起こされ、監督の部屋にいくと、「おまえ、聞くところによると足が痛いそうだな」と言った瞬間にビンタ。そこからぶたれ続け、20発ぐらいまでは数えていたけど、そこから覚えていない。もう一人、主力だったやつも監督に呼ばれ、ボコボコにぶん殴られた。

困ったのは殴られたあとの学校生活。顔がボコボコに腫れ上がった理由を先生に言えないから授業に行けず、家に帰った。父親から「おまえ、それどうしたんだ」って言われても、「いや、ちょっとボールが当たったから」。親も本当は誰に殴られたかはわかっているが、当時の親は学校や先生にクレームをつけるとかはしない。結局、授業をサボって帰って、野球の練習に出ていた。

迎えた最後の夏。千葉県大会で習志野は準決勝で、篠塚率いるライバル銚子商業と対戦した。ライバル関係なだけに、両校は公式戦だけで練習試合は一切やっていない。

事実上の決勝戦といわれたこの試合、舞台となった天台球場は満員となった。篠塚はこのころ、肋膜炎《ろくまくえん》を患い本調子ではなかった。それでも好打者の篠塚を相手に、監督が私に出した指示は全打席敬遠だった。結果、3打席全部敬遠で、4打席目は2アウト・ランナーなしの状態だったから勝負をし、三球三振を奪った。

勝負は私が2ランホームランを打ち、2対1で勝利した。その後、勢いづいた私たちは決勝で君津高校を破り、念願の本大会出場を決めた。

夏の甲子園

夏の甲子園、センバツのときとは逆で、初戦は一番最後の登場（2回戦）だった。相手は北海道の旭川龍谷で、8対5で念願の甲子園初勝利。私自身は投手として5点取られて、打撃はノーヒット。

甲子園に来てから石井監督はなぜか急に優しくなっていて、気持ちが悪かったが、「何も活躍していないのはおまえだけだ」と私には相変わらずの冷酷ぶり。バッティング練習をさせてもらっていないのに、なんでそんなことを言われなきゃならないと、内心頭にきていた。

その後は、足利学園（2対0）、磐城（16対0）、広島商業（4対0）と3試合連続で完封勝利。習志野は快進撃を続けた。

ついに頂点まであと1つの決勝戦となり、相手は愛媛の新居浜商。しかしこの時、私の肩の痛みは限界に達していた。当時、肩の状態を見てくれる医者はおらず、鍼を打つでもなく、マッサージもない。今では考えられないけれど、そういう習慣がなく、自分の中にある自然治癒能力を信じるほかなかった。

決勝前日の夜は激しい痛みで一睡もできなかった。迎えた決勝の朝、本当に勇気を振り絞って、初めて石井監督にものを申した。「すみません。肩が痛くて投げられません」。すると、石井監督は、「ここまで来て、おまえ、投げなくていいのか」と言う。

いいのかと言われても、投げられないものは、投げられない。その時点ではさすがに言わないと、ここまで頑張ってきたチームメイトに迷惑かけてしまう。気持ちは投げたかったが、本当に肩が上がらなかった。

ここで奇跡が起こる。幸運の雨。なんという僥倖だろう。台風の影響で2日連続で決勝戦が雨天中止となったのだ。

決勝戦

2日間の休養は非常にありがたかった。迎えた決勝戦、相変わらず肩は痛いものの、2日前より多少は肩の状態はよかった。ただ肩の状態うんぬんではなく、あるのは「もうやるしかない、投げるしかない。投げないという選択肢はない」という気持ち、ただそれだけ。だから変な言い方だけれど、ある意味淡々と決勝戦を戦っていた。マウンドでも余計な雑念は一切なく、自分のやれる範囲のことをただやるという。

試合は、9回裏サヨナラで5対4で新居浜商に勝利。習志野は8年ぶり2度目の全国制覇を成し遂げた。私は初戦から全5試合に先発してすべて完投し、3回戦から準決勝まで3試合連続で完封勝利を挙げた。

よく人から「夏の甲子園の優勝投手といえば全高校球児の憧れる存在で、すごいことを達成されたのに小川さんはあまりそのことを熱く話さないですよね。他人事みたいに話しますね」と言われる。

これを言われると正直困ってしまう。たしかに、甲子園優勝投手という肩書はその後の私の人生についてまわり、多少の優越感を覚えていた時期もあった。優勝は本当にすごいことなんだけれど、あの3年間は果たして自分の人生にどれだけの意味をもたらしたのか、今の自分に生きているのかなって思ったりすることがある。

大人になって高校時代の野球部の仲間と会う時も、優勝うんぬんの話は一切出ない。話題に上がるのは、しんどかった経験。誰それに酷い目にあわされたよね、とかそういう苦労話だ。

私が2年の時の夏の練習時。あまりの練習の厳しさに1年生が倒れた。水をぶっかけても起きないから、校舎の中で寝かせていたが、ふとみると、横になっているはずのそいつがいない。

家にもおらず、行方不明になってしまった。

見つからないまま2日目を迎え、これは一大事だってことで、監督が「おまえら、練習前に全部探しに行け」と号令がかかった。私たちは探しに行かず、習志野市役所の裏あたりでジュースを買ったりして、しばしの自由を満喫していた。

結局、彼は3日間帰って来なかった。印旛村のほうでフラフラしていたらしく、当時、民家に朝届けられる瓶の牛乳を盗んで飲み、空腹を満たしていたという。それぐらい監督の指導がきつかった。

甲子園優勝とはなんだったのか

甲子園優勝というのは1つの大きな経験にはなっているが、それから大学、社会人、プロと球歴を重ねたこともあり、今私がもつ野球観にはあまり影響を与えていない。私自身は野球界にいる人間で一般社会では通用しない人間だと思っている。ただ上下関係であったり、人としての礼儀だったりは高校野球で教育されたなとは感じている。

はっきりいうと、高校時代は、甲子園優勝が一番の目標ではなく、厳しい監督の下、〝やらされていた〟野球だった。本当に今の時代の価値観とは真反対。普通はやらされているといい結果が出ないのに、皮肉なことに結果だけは甲子園優勝、甲子園優勝投手という最高のものが出てしまった。

だから指導者やGMになった今、困ってしまう部分がある。「夢を持て」だとか「モチベーションを高めろ」だとかいわれる時代の雰囲気の中で、我々もそういうことを言うのだけれど、やる気があまりない中で、すべての高校球児に憧れる称号を手にしてしまったという事実がね。

石井監督の狙い

優勝したいという純粋なものよりも、優勝して監督を見返そうというのが私たちの思いだった。石井監督は最後の夏の大会前、わざと私ら3年生を1週間ほど練習から外した。2年生・1年生だけに練習をやらせた。

私がピッチングに行こうとしたら、全部ブルペンが埋まっていて投球練習ができない。何か3年生に問題があったようなのだが、それがなんだったかよくは覚えていない。とにかく「お前ら3年は1度練習やめろ！」みたいなことを言われて、大会前の大事な時期に1週間ほど練習をやらせてもらえなかった。

ただ今思うと、それも3年生に野球に対する飢餓感を出すための、石井監督の演出だったのかもしれない。どうも計算ずくだった気がする。そうやって突き放して、夏の大会に向けて気持ちを高めるじゃないけどね。だから、私に対するさまざまな常軌を逸したようなシゴキも、計算ずくだったのかもしれない。

私は体こそ大きかったがノミの心臓といわれて、メンタルが弱いといわれていた。そこを改善させるためにあえて厳しくして、私のポテンシャルを結果的に引き出してくれたというのはある。

監督は最初からわかっていたのだと思う、私のストロングポイントとウィークポイント、そしてどうすれば選手として伸びるかを。ただそんなことを言葉で丁寧に説明をしてくれる方ではない。あまりに理不尽でハードすぎるシゴキに、当時は本当に憎くて、憎くて仕方がなかった。

当時、「おまえが甲子園で優勝したら対等に口聞いてやるわ」って言われたけれど、結局最後まで、どういうつもりで私や仲間たちを指導していたのか、そのことは聞くことができなかった。

甲子園のあとの11月頃、それまでは人様の子どもを平気でぶん殴って、血が出ようが何しようがお構いなしだった石井監督に子どもが生まれて、そこからかなりマイルドになった。これも〝鬼監督あるある〟でしょう。野球部を引退したら、私らに対する接し方も全然違っていた。

現在はロッテのコーディネーターの福浦和也《ふくうらかずや》も習志野高校出身で石井監督の教え子だったが私より20年近く後輩。彼に在校時の石井監督がどうだったかは聞いたことがない。

やっぱり、あえて自分たちに厳しく、妥協せずに接していたんだなというふうに感じた。プロ入り後、石井監督とは何かあれば連絡して、お食事をするというのはあったが、やっぱり当時のことは聞けない。マイルドになったとはいえ、基本的な関係性はやっぱり変わらなかった。

心残り

嬉しいこともシンドイこともあった高校野球時代のなかで、１つ残念に思っていることがある。私はエースピッチャーだったけれど、そんなに気負ってやっていたわけではなかった。準々決勝の磐城高校戦のとき、試合は我々が16対０で勝っていて、８回の時に監督から「ピッチャー代わるから」と言われた。

それでパッとブルペンを見たら、１年生が投げていた。「同じ３年生に控えのピッチャーがいるのに、なんで３年生に投げさせないのか」とその時に思った。今考えれば、来年のことも考えて１年生に経験させようとしていたのだろう。それも大事なことだ。

しかし、その瞬間はそんな思いはこれっぽっちもなかった。共に苦労してきた３年生の仲間を差し置いて、１年生に投げさせるわけにはいかないと思い、「いや、すみません、僕、投げます」って監督に言った。

その同級生、その後、大学を出て、銀行に就職して、趣味で草野球をやっていたが、がんになって35歳で亡くなってしまった。３年間つらい思いをしながら一緒にやってきたあいつに、甲子園で投げる機会を与えてほしかったということを今でもときどき思い出す。その試合は結局続投となって、完封勝利。別に完封しようなんて思っていなかったのに。

甲子園優勝後のハードスケジュール

実は甲子園で優勝したあとも私の高校野球生活は続いた。

甲子園優勝投手となった私は高校日本代表に選ばれて、アメリカ・サンフランシスコで行われるアメリカ高校代表との対抗戦に臨まなければならなくなったのだ。

大阪で壮行試合をやって羽田へ寄って、そのままサンフランシスコへ。習志野高校の他のメンバーは地元へ戻って優勝パレードに参加しているのに、自分ともう2人が日本代表に選ばれて帰れなかった。

しかも日本代表の監督はうちの石井監督。他の選手はよその高校からの、ある意味で借り物だからさすがに石井監督も起用には慎重になる。彼らが肩が痛いと言えば、無理に投げさせるわけにいかない。準優勝した新居浜商業の村上博昭も肩が痛いと言って投げなかった。

結局、肩が痛いにもかかわらず私と、同年ドラフト3位で中日に入った愛知・国府高校の青《あお》山久人《やまひさと》、翌年やはり中日にドラフト4位で入った岐阜・中京商業の今岡均《いまおかひとし》の3人でこの大会の投手を回した。

サンフランシスコ遠征のあとにハワイ遠征があり、日本に戻ると今度は国体が待っていた。10月に行われる国体は野球部としてもお金がないから「もう負けろ」と周りから言われていた。結局、国体もなんだかんだで自分が投げることになり、しかも優勝してしまった。

すると悪いことに、今度は日本の代表として習志野高校単独チームで韓国に招待され、向こうで３試合を行うことになった。８月24日に甲子園で優勝してやっと喜びとともに解放されると思いきや、全日本のアメリカ遠征、国体、韓国遠征と続き、ほとんど千葉に帰れないまま結局、11月初旬まで高校野球は続いてしまった。

高校３年間ずっと野球漬けの毎日。本当は普通の高校生のように〝放課後〟を経験したかった。授業が終わって、「帰ろうぜ」ってみんなで帰る。それを１回もやったことがなかった。やっと高校野球から解放された11月、普通の高校生をやれて嬉しかった。

高校卒業後の進路

11月、高校野球が終われば、次は進路を決めなければならない。私の場合は、進学にせよ就職にせよ、進路を完全に石井監督に委ねていた。というか自由意志をはく奪されていたといったほうがいいかもしれない。

あまりに高校野球がきつかったから、大学では野球をやりたくなかった。ライバルの銚子商業のやつらも同じだったらしい。高校３年間、野球を全うしたから、大学へ行ってまで野球をやりたいと思わない。もうあんな厳しさはコリゴリだと。私もそうだった。

未来のことなんか考える暇もないキツイ毎日だったから、進路もとくに考えることもなく、11月は自動車教習所に通い始めていた。そんな中、石井監督から「おまえは早稲田に行け。今から勉強しろ。マンツーマンの塾へ行け」といわれて、教習所をやめさせられた（笑）。

別に教習所に行きながらでもいいと思うのだが、生徒の自由意志がまったく尊重されない、今じゃ考えられない、めちゃくちゃな時代だった。早稲田は名前さえ書けばＯＫというわけでなく、下駄を履かせるにしても最低限の学力が必要だったらしい。

そんな折、中央大学の学長と中央大学野球部の宮井勝成監督が習志野高校を訪れた。私を勧誘しにきたのだという。そこで習志野高校の野球部長が出てきて、「おまえの頭では早稲田に行っても無理。中央大学で取ってくれるというんだから、絶対にそっちのほうがいい。中央に行け」となった。

石井監督としては、自分の母校である早稲田に私を入れたいと思っていたが、この変更には何も言えなかった。野球部長のほうが、権限が強かったようだ。

人生とは不思議なもので結果、中央大学に行くことが自分にとって大きなターニングポイントになった。おそらく中央大学に行っていなかったらプロ野球選手になることもなかったし、今の自分もなかった。

ちなみに、両親は息子である私の進路に関して、「全面的に監督にお任せします」とお願いしちゃっていたから、勝手に学校側に決められていくことになにも言わなかった。これも時代です。

両親への思い

わが息子が夏の甲子園の優勝投手になったとしたら、親は大喜びするのが普通だと思うが、うちの両親は冷静だった。甲子園で優勝した時も「おめでとう」とか「頑張ったな」とか声を掛けられることはなかった。

だからといって、息子のやっていることに無関心だったわけでもない。うちは農家で時間の融通が利いたので、両親は高校のグラウンドをしょっちゅう見に来ていた。

私がしごかれているのを実際に見ている。でも何も言わない。自分の子どもがまるでイジメみたいにしごかれていたら、私が親だったら見ていられない。私自身、そんな姿を親に見られるのが嫌だったから、絶対に来るなと言っていた。だから両親は隠れてこっそり見ていた。私はそれに気づいていた。

振り返ると、1年生の頃、隣の駅でありながら私が帰ってくるのは深夜12時過ぎで、次の日の朝5時半には家を出ていた。それでも、おふくろは必ず洗濯してくれて、それからご飯を食べたりして寝る時間がなかったんじゃないかな。当時は自分のことに必死で感謝の思いもわかなかった。今冷静になると、そういう時代もよく我慢してやってもらえたなと、本当に感謝してる。

中央大学野球部

結局、早稲田大学から一転、中央大学に野球推薦で入学することになった。驚いたのは、入った学部が中央大学の看板学部である一部の法学部だったこと。学業も大変なことになるのはこのときは知るよしもない。

習志野高校から中央大学へ進んだのは、前述した2年先輩の阿部慎之助の親父さんが初めてで、さらに自分が入学して、習志野高校と中央大学の縁というかルートができた。

宮井監督からはピッチャーとしてではなく、バッターとして期待をかけていただいた。一応甲子園で優勝したということがあったから、少しピッチャーをやってみたけれど、肩の状態がよくないことを告げたら、そこらへんは状態を見ながらということで、試合には最初、野手として出場した。

正直、入学するまで大学野球というのをあまり知らなかった。東都と六大学野球の違いもよくわからなかった。早稲田大学は石井監督の母校で、習志野高校の大先輩・谷沢健一さんもいたことで早慶戦を1回、神宮に見に行ったことがあったけれど、それだけ。

だから宮井監督が、王貞治さん擁する早稲田実業が１９５７年春のセンバツで全国優勝を果たした時の監督であることや、アマチュア球界の重鎮であることなどはまったく知らなかった。宮井監督は大正15年生まれで、私より30歳ぐらい上。私が入学した当時は50歳ぐらいだった。

中大野球部の同期は約20人で、のちに巨人に入団する香坂英典《こうさかひでのり》がエースで、阪急で新人王になった熊野《くまの》輝光《てるみつ》も同期。１つ下には大洋（横浜）の高木豊《たかぎゆたか》、ヤクルトの君波隆祥《きみなみたかよし》がいて、その下に中日の尾上旭《おのうえあきら》、米村明《よねむらあきら》とかがいた。

大学選手権優勝

入部すると、熊野と私だけ1年のときから試合に出させてもらっていたが、我々はとにかくエラーばっかりしていた。熊野も最初はショートを守っていたが失格となり外野へ。

私は1年の春だけ外野をやって、秋からはファースト。1年の春、駒澤大学と勝ち点4で並び、1勝1敗になった。

最終決戦の日、神宮球場は多くのお客さんがきて内野席は満員御礼。駒澤はのちに西武で活躍する森繁和《もりしげかず》さんがピッチャーだった。試合は、ライトを守る私の頭を越えていった打球が2回あって、それで点を取られて負け。4年生に「おまえのおかげでハワイ（優勝旅行）に行けなかった」と怒られた。別にエラーじゃないのだが、全然打てていない中でのことだったので、その時は落ち込んだ。

中央大学が優勝したのは私が4年生の時。東都を制して、大学選手権も優勝した。

当時の中央大学というのは、強いときはめっぽう強いけど、弱いときはめっぽう弱いという、そういうチームで、浮き沈みの激しいジェットコースターな感じがちょっとヤクルトと似ていた。

当時の中大は、とにかくみんな能力だけでやっていた。駒澤大学とかよその大学みたいに試合に勝つための戦術、戦略というのはほとんどなく、選手の能力がうまく出たときにはものすごい力が出て勝つというチームだった。

中央大学の上下関係と阿部慎之助のパパ

中央大学にも上下関係の厳しさというのはあった。でも高校時代にある程度経験していたので、そんなに厳しくは感じなかった。

なにか粗相をしてしまったときには上級生からの〝説教〟はあり、2時間の正座というのが一番きつかった。

合宿所の食堂で正座をするのだが、食堂の床はコンクリート。その上に2時間の正座は本当にキツイ。寮のホワイトボードに「今日夜10時集合」と書いてあると、「ああ集合だよ」といって、みんなスポンジとかああいうのを買いに行く。膝と足首の所にスポンジを巻いて、学生服を着て正座すると少し痛みが軽減される。そんな知恵を使っていた。

ただ、そういう説教を受けるのも基本的に1年生までで、これは高校時代も同じだった。信じてもらえるかどうかわからないけれど、私自身は理不尽なシゴキが嫌いで一切下級生には手を出さなかった。ただ、今では許されない〝説教〟ではあるけれど、ある意味、人間形成という意味において、そういった厳しいシゴキのすべてが悪いとも正直思っていない。

習志野高校、中央大学と連続して2つ上に巨人・阿部慎之助のパパがいたという話はした。高校のときは本当に怖い先輩でしかなかったが、大学時代は意外にもかわいがってもらった。大学は全国いろんなところから選手がやってくるから、その中で同じ高校の後輩がいるというのが少し嬉しかったのかもしれない。そんな阿部パパだが、大学でもやっぱり幅を利かせていた。

私が1年生のとき、阿部パパは3年生。基本的に3年生が、2年生と1年生を〝説教〟し、さらに2年生が1年生をまた説教するのだが、3年生にしても2年生にしても私は厄介な存在だったと思う。阿部さんの直の後輩だから。私自身が問題を起こすことは一切なかったけれど、「小川を殴るのはちょっとやめておくか」みたいな空気はあったと思う。

宮井監督の方針

宮井監督には1年から使ってもらっていた。だから4年の春に大学選手権を優勝できた時は、やっと恩返しできたとすごく嬉しかった。大学4年のその一度だけだったけれども。

なかなかバッティングで結果が出せなくてもずっと使ってもらった。一方、打てないのに試合に出なきゃいけないというつらさもずっとあった。だけど、それは逆の立場、出られない人からすれば、何を贅沢を言っているんだよという話になるから、あまりそのしんどさは口にはできなかった。

やっぱり大学野球は高校野球とはレベルが違う。高校時代にもうちょっとバッティング練習をやらせてくれていたら、バッティングの感覚というのもまた違っていたんだろうなと恨めしく思った。

さらに中央大学はそんなにたくさん練習をやらないチーム。やっぱり生きた投手の球をたくさん打たないと上達はしないもので、結局、大学野球のレベルでやれるという自信は大学4年間で最後までもてなかった。

私は好不調の波が激しい選手だった。1年の春はホームランを2本打ったが、その後さっぱりで、3年の春のリーグ戦に3割打ったが、それ以外はまったくだめ。4年生のリーグ戦も全然だめだったが、大学選手権だけは20打数10安打の5割打って、打点も11。大学選手権の時だけ異様によくて、それで日米野球にも行かせてもらった。

自分でも当てにならないバッティングなわけで、大舞台に強いなんていってくれる人もいたけど、コンスタントに結果を出せる本当の実力はなかった。普通は、成功体験を積み重ねて少しずつバッティングの技術が上がっていくものだと思うが、私にはそれがなかった。

いわゆる技術指導みたいなことも大学の時はほとんどなかった。前述したように、中央大学というのは、もともとの能力が高い人たちが結構集まっていた。そういう個々の力がうまく重なったときにはすごい強さが出るが、そうじゃないときの脆さというのが半端じゃなかった。

個人戦術、チーム戦術を詰め込まないのは宮井監督の方針だったようだ。だから、サインもヒットエンドランとかなく盗塁のサインしかない。チームで素振りをやるとかマシンを使って打ち込むとかもなく、みんな素質だけでやっていた。

寮生活も適当で、４年生なんか12時ぐらいまで寝ていて、起きてきてすぐウォーミングアップをしてちょっと練習をやって終わり。そんな適当な野球部だったけれど、個々でみるとやっぱりすごい選手はいた。

のちにプロに進む同期の熊野と１つ下の高木豊、２つ下の尾上はちょっと違っていた。熊野と高木は打球の強さや足の速さがずば抜けていた。ただ２人とも小柄で左バッター。私は右バッターで確率は低いけれど当たれば飛ぶということで、宮井監督からはそこの部分を買ってもらっていたようだ。

大きいのが打てるやつばかりでもダメ、小さい左の好打者だけでもダメと、打線のバランスというマネージメントの観点もあって、自分がレギュラーで出ていたのだろうと思う。３年生のころは、熊野が１番、高木が３番で私が４番を打っていた。

高木豊は甲子園に出ているわけではなく全国的には無名の選手だったが、山口県の多々良学園（現・高川学園）というところから、昔の山口新聞の会長さんが連れて来た。

その方と宮井さんが結構親しかったらしく、だまされたと思って取ってくれ、みたいなことで中央大学に来た。そうしたら１年からレギュラー。大学日本代表に選ばれ、大学４年次に横浜大洋ホエールズにドラフト３位指名され、その後の活躍はいうまでもない。

大学日本代表でともに戦った原と岡田

4年のとき大学日本一になったということもあって、大学日本代表に選ばれた。そのとき一緒に選ばれたのが、同い年の早稲田大学の岡田彰布や、1つ下の東海大学の原辰徳。私は彼らとクリーンナップを組んでいて、原が3番で4番が岡田、私は5番。1番は高木豊だった。

原も岡田もドラフト1位入団で、プロ野球の歴史に名を刻む名選手、名監督となったわけだけれど、彼らは大学時代からすでにスーパースターだった。2人のことは高校の時から対戦しているので知らない間柄ではなかった。原とは高校日本代表でも一緒だったが、岡田とは大学日本代表で一緒になって初めて話すようになった。

その直前の大学選手権、準々決勝で原の東海と岡田の早稲田が当たっている。中央大学は別の山。東海と早稲田の一戦は事実上の決勝戦といわれて早稲田が勝った。決勝で早稲田と中央が対戦したけれど、準々決勝を勝った日から、岡田はもう優勝気分で酒なんか飲んでいたらしい。

そうしたら決勝は中央の勝利。私もホームランを打った。岡田にしてみれば中央なんかに負けるわけないと思っていたようで、悔しかったんじゃないかな。そのときのことを詳しく岡田に聞いたことはないんだけれど、あいつは絶対に悔しかったと思う。

大学日本代表が戦う相手はアメリカの大学代表。いまでも行われている日米野球というやつ。

1979年、大学日本代表に選ばれ、岡田彰布（左）、著者（中央）、原辰徳（右）と雑誌の表紙を飾る

1979年、日米大学野球選手権大会に臨む選手たち。岡田彰布（一番左）、原辰徳（中央）、デレク・タツノ（右から2人目）、著者（一番右）

この年の開催地は日本で、我々日本代表の面々は東京の青山にある宿泊施設に泊まっていた。大部屋での雑魚寝。

地方の大学から選ばれた連中なんかは、東京にきて大いに羽根を伸ばしていた。日米野球に対するやる気というか思い入れは人それぞれだった。

最初に3連勝して、その後4連敗。アメリカチームには、デレク・タツノというハワイ大の有名なピッチャーがいた。タツノは日系人で、のちにプリンスホテルに入り、最後はメジャーのチームと契約した。

その時に原と岡田と私のスリーショットの写真が、『大学野球』という雑誌の表紙を飾った。これは一生の思い出。3人ともプロに入って、同時期に監督をやっていたこともある。原は巨人、岡田はオリックス、私はヤクルトと。

宮井監督の忍耐の選手起用

今、振り返ってみても大学の4年間というのは本当に貴重な時間だったと思う。いろんな知り合いができたことが自分の一番の財産になったけれど、核には宮井監督という存在があった。

宮井さんは私を導いてくれた人。宮井さんと出会っていなかったら間違いなくプロ野球の道には進んでいない。もともと「絶対プロ野球選手になるんだ」とかそんな野望があったわけじゃない。野球を何が何でもやりたいとかっていう思いがない中で、プロまでの道筋を立ててくれた。

高校の時の石井監督には、「とにかく野球を必死でやれ、やれ」で、鍛えることを強いられた。ある意味、石井監督が父親的な指導だとしたら、いまいち成績が出ない自分をずっと辛抱強く信念で使ってくださった宮井監督は母親的な指導だったと思う。

のちに私が監督の立場になった時に、その難しさを実感した。打てないやつをずっと使い続けるのは精神的にかなりきつく、忍耐強さを求められる。宮井さんも周りの声というのはしんどかったはず。他の上級生の選手がいるにもかかわらず、打てず守れずの私を1年の春からレギュラーとしてずっと使い続けていたわけだから。

特に大学は4年間というスパンが初めからもう決まっている。出ていく選手がいて、新しく入ってくる選手がいるなかで、誰を使い、誰を使わないか——戦力が毎年大きく変わるなかで、毎年毎年勝っていかなければならない。情をかけたくなる選手もいるだろう。

宮井監督から学んだ一番のことは、この辛抱・我慢という部分だった。単純になんでもかんでも我慢するということじゃない。まず最初に眼力、選手を見る目というのがあって、こいつと思った選手に関しては、多少マイナス面があっても我慢して使う。自分の選手を見る目、下した判断を信じて——。

宮井監督は「俺は熊野を使うのだ、小川を使うのだ、彼らを育てるのだ」と決断されたのだと思う。そこから先は我慢。この宮井監督の判断と決断と我慢の教訓は、やがてヤクルトの三冠王・村上とのことにつながっていく。

偉大なる恩師

宮井監督は多くを語らない方で、すべてにおいて豪快な方だった。飲むのでも、食べるのでも、お金を使うのでも。監督自身は別にたくさん飲むわけじゃないけれど、選手たちを知人が経営している吉祥寺のクラブに連れて行ったりしていた。

野球の指導というのはほとんどされなかった。では、野球そのものよりも社会人になる前の人間形成みたいなのを大切にされていたのかと思いきや別にそういうのでもない。とにかくこうだと思ったらとことん貫き通す人で、選手の起用でもそうだった。

一番すごいなと思ったのは、面倒見のよさ。宮井監督は実社会のいろんなところに顔が利き、4年生全員に就職を世話する。記憶力もすごくて、毎年多くの学生が入部してきて、卒業していくけれど、全員のことを把握している。

野球部員なんて何十人といるから、普通、「そんなやつ、いたっけ？」みたいに忘れてしまうもの。しかし、宮井監督はあまり試合に出られなかった選手のことも一人ひとりちゃんと名前を覚えていて、選手たちはみな、そのことがすごく嬉しかった。

王貞治さんとの出会い

紫紺会については1章で少し触れたが、私がヤクルトの2軍監督になった時、宮井監督を中心とした早稲田実業野球部OB会「紫紺会」の新年会に出席した。習志野高校〜中央大学の私は場違いだと思ったが、「おまえ、こういう会があるから1回出て来い」と宮井さんに言われて、吉祥寺の李朝園という焼肉屋で行われる紫紺会に参加することになった。

その時に、「俺が王に頼んでおいたから、おまえ、王に話（監督の心得）をしてもらえ」と言われた。当時、王さんはダイエーの監督で、自分にとって王さんは雲の上の存在。それまで球場ですれ違うことはあっても話なんか当然したこともない。それでも宮井監督の指示ならば仕方がない。

勇気を振り絞って王さんの席へ行くと、「いや、いいよ。俺が行くから」と言って、王さんが私の席にわざわざ来てくれた。もう唖然。完全に舞い上がってしまい、肝心な監督の心得も含めて王さんが何を話されたかまったく覚えていない。貴重な機会を生かせず、残念に思っている。

しかし、初めて監督を務める際にそうやって気にかけてくれた宮井さんの心遣いは本当にありがたかった。宮井監督も教え子が2軍とはいえプロ野球チームの監督に就任することが嬉しかったのだと思う。

社会人野球へ

大学卒業後の進路は、高校時代と同じく監督にすべてをお任せしていた。お任せといったら少し語弊があるかな。はっきりいって自由意志なし、有無をいわさず「おまえはこうだ」と監督の指示に従うだけだった。

今の若い人には、にわかに信じられない話だとは思うが、１９７０年代後半、少なくとも私の周囲の野球環境というのはそういう世界だった。

その進路に関して、宮井さんから「ヤクルトからドラフト外でどうだという話が来ているけど、おまえはまだプロに行くのは早いから河合楽器に行け」と言われた。河合楽器は静岡・浜松の社会人野球の強豪だった。

この時点で、自分の中にプロ野球に進みたいという気持ちは全然なかった。プロに進むだけの実力・成績が伴っていないことは自分が一番よくわかっていた。プロを意識したのは社会人1年目が終わった時。初めてプロに行きたいと本気で思ったのはその時だった。

ちなみに同期の熊野はヤクルトにドラフト3位で指名された。しかし、熊野は「僕はやっぱりプロに行きたくありません」と言い入団拒否。宮井監督は「ばかやろう。おまえ、プロに行かなくてどうするんだ」と激怒していた。

熊野は地元の香川に帰りたくて、電電四国とか地方にある社会人野球でやりたいと言ったらしい。プロを拒否して社会人野球に進むにしても「おまえは中央球界にいなかったらこの先どうするんだ」と宮井監督に言われて、熊野はやはり静岡・浜松の日本楽器（現ヤマハ）に行くことになった。「熊野は日本楽器、小川は河合楽器」で終わり。

だからもう選択肢も何もない。ちなみにこのころ河合楽器と中大の関係は近く、毎年のように中央大学から河合楽器に進む選手がいた。

早稲田の岡田はというと、阪神にドラフト1位で入団。習志野高校の2つ上の先輩・掛布さんと、大学日本代表で戦った岡田が同じ阪神で、やがて最強のクリーンナップを組むことになる。私にとっては不思議な縁だなと感じた。

掛布雅之と岡田彰布と青木宣親

その掛布さんから、「1回ちょっと青木と飯を食うことができないかな」と言われて、青木がメジャーから戻ってすぐのキャンプの時に3人で食事に行ったことがある。

掛布さん、青木は互いに右投げ左打ち。相通じるものがあったようで、いざ2人でバッティング談議が始まったら大いに盛り上がった。掛布さんが打撃論を話すと、青木がうなずきながら持論を述べるといった具合で、お互いの打撃理論を擦り合わせている。右投げ右打ちの私はその議論にいまいちついていけなかった。

掛布さんは私とご飯を食べに行ってもそんなバッティング論の話はしない。球界の話もあまりせず、だから共通の知人である岡田の話とかもしなかった。ただ、やっぱり掛布さんと岡田はともに阪神の顔で、お互いリーダーをやっていた人だから、微妙な距離感があるのだろう。あんまり親しい感じは受けなかったな。

プロ野球選手は基本、個人事業主の世界だからというのもある。岡田から掛布さんの話が出てくることもないし、掛布さんから岡田の話が出てくることもない。

掛布さんとのエピソードで驚いたことが１つある。あるとき、シーズン中に掛布さんと食事に行き、「掛布さん、すみません。ちょっとこれからスイングの練習をしなければならないので帰っていいですか」って言ったことがある。「別に全然いいよ」と掛布さん。

それで、私は途中で帰って次の日、試合でバッターボックスに立つと、阪神の捕手の木戸《きど》克《かつ》彦《ひこ》が「小川さん、昨日スイングやっているから気をつけなきゃいけないな」とか言ってくる。

「おまえ、なんで知ってるんだよ」

「いや、掛布さんが言ってたよ」

１度、掛布さんにバッティングについて質問したことがある。

「スイングの練習をする時にどういうことに注意して、何を思ってやるんですかね」と言ったら、「スイングする時に音を立てている。その音がブンといういい音が聞こえたらＯＫ。たとえば10本だろうが何本だろうが、もうそこで素振りの練習をやめる」と話していた。逆にいい音が出るまでは、いつまでも振り続けるんだろう。

河合楽器

河合楽器は明治大学OBの方がずっと監督をやられていて、日本一練習が厳しいところだといわれていた。「河合楽器だけは行きたくねえよな」とみんなで口をそろえて言っていたが、「おまえはここに行け」という宮井さんの一言で、私は有無を言わさず河合楽器に決まった。しかし幸運なことに、私が入社する前に監督はプロ上がりの方に変わっていた。

練習は前年までの厳しさこそなかったものの、本格的な練習らしい練習というか、しっかりとした野球をやっていた。外野手として特守をやり、たくさんバッティング練習をこなす——変な話だが、これは野球人生の中で初めてのことだった。

学生野球と社会人野球の違いは明らかにあった。カルチャーショックを感じた。

社会人というのは都市対抗が結構重要なウエイトを占めている。野球部は企業の広告塔という側面もあるから、都市対抗に出る・出ないというのはすごく大きい。前年まで都市対抗に出られない時期があったけれど、私が入った年から2年続けて出場することができた。

1年目のときは、その前年に同じ山・静地区の大昭和製紙が優勝していて、大昭和製紙は推薦の枠で本選出場が決定済み。地区の代表1枠は日本楽器か河合楽器、関東自動車かに絞られて、それで結局うちが都市対抗に出ることができた。

一発勝負の厳しさは高校野球も同じだが、社会人野球は会社を挙げての真剣勝負。気持ちの面では高校とは雲泥の差があった。だから本戦出場を果たせたのは、すごい充実感だった。

当時、都市対抗は東京の後楽園球場で行われていた。後楽園球場でプレーしたのは、そのときが初めて。人工芝だったけれど、まだ出始めの頃で質が悪く、コンクリートみたいに硬かった。

当時、浜松の応援の熱量の大きさが注目されており、河合楽器の試合のときも凄い迫力だった。その応援に耳が行っちゃって、あこがれの長嶋さん、王さんがいた後楽園球場で今自分が試合をしているという感動はあまりなかった。

当時の社会人野球は金属バットの時代。ピッチャーは大変だったけれど、その分、相手打線を抑えたらすごく評価されていた。一方、打者はプロにいったら木製バットに変わるから、打てなくなってしまう人が結構多かった。

バッティングに新境地

これまでの野球人生で質・量ともに一番鍛えたバッティング。開眼とまではいかないが、「こうしなきゃだめだよな」とか自分のバッティングを客観的に感じられるようになった。今まではそんなことを一切思ったりせず、ただ打った、ダメだったという結果だけ。レベルが少年野球と一緒だった。

自分のバッティングで一番改善が必要だと思ったのは、「間」の部分。自分には間がなく、変化球にはからきし弱かった。それがもうすべてだった。間というのは、タイミングの取り方みたいなのもの。間を取るためにどうするかということで、フォームの見直しをはじめ、いろんなことに取り組んだ。

そんなこんなでむかえた社会人1年目の終わり、初めて真剣にプロに行きたいと思った。心境の変化のきっかけは岡村隆則《おかむらたかのり》さんという先輩の存在だった。岡村さんは私が中央大学の1年生の時に4年生だった方で、私と同じく河合楽器に進んでいた。

岡村さんはアマチュア世界選手権の日本代表で当時アマチュア最強のキューバに1対0で勝った時のメンバー。私は岡村さんをすごく尊敬していたが、その岡村さんがドラフト2位で西武ライオンズに行くことになり、ものすごい喪失感があった。

「ああもう野球をやりたくなくなっちゃったな」「野球をやめようかな」なんて思っていたが、なぜか突然、「プロ野球の世界に行きたい」に自分の気持ちが真反対に変わってしまった。自分でもなぜ気持ちがそうなったかはわからない。きっと、岡村さんのあとを追いかけたくなったのだろう。

社会人1年目のシーズンに少し打撃成績が上向き、大学時代にはなかった自分の実力に対する手応えみたいなものが芽生えていたということも理由の一つかもしれない。まだまだドラフトにかかるには不十分な成績だったけれど、とにかく「プロに行きたい」と強い意志を持つことができた。

バッティングがよくなったのは監督やコーチの指導のおかげというより、東洋紡から河合楽器に移籍してきた東田さんというベテランの方のおかげだった。その方はバッティングがすごくいい人で、いろいろと教わったが、一番の大きな学びはバッティングに関する考え方の部分だった。

東田さんの教えは、インサイドに来た球を打ちにいって〝つまる〟ことをこわがるな、つまっても大丈夫ということだった。打者というのはみな、基本的に内角の球につまらされることが嫌で、だから内角をすごく意識する。持論だが、バッティングが崩れる一番の原因はインサイドの球への過剰な意識。だから、プロ野球のバッテリーは打者の内角を攻めてくるのだ。

東田さんに会うまで、私は基本的にストレート待ちで引っ張り一辺倒。レフトへのホームランを狙うバッターだった。そして他のバッター同様、つまるのがいやだった。しかし、東田さんの考え方に触れてからは、つまることに対する嫌悪感が和らぎ、心にわずかながら余裕ができたのだろう。打席における相手投手への対応力、特に変化球への対応力が上がった。

アマチュア球界の力関係

社会人2年目、プロ野球選手になるんだという強い思いを胸に秘めつつ、企業の一員として果たすべき、都市対抗と日本選手権出場に全力を傾けた。

その秋、「ヤクルトから話があるみたいだぞ」という話がちらっと耳に届いた。実際にその話をしてくれたのは、河合楽器の監督からではなく、中央大学の宮井監督からだった。

なぜ今のボス、河合楽器の監督からではなかったのかというのは不思議な話かもしれないけれど、アマチュア球界というのは高校も大学も社会人もいろいろな力関係があるようで、高校の監督や野球部長が一番力を持っているケースだってある。

そういう意味では、昔でいうと明治の島岡吉郎《しまおかきちろう》さんとか中央の宮井さんというのはアマチュア野球界の2大巨頭。今は国際武道大学の岩井美樹《いわいよしき》さんとかね。昔の重鎮の方がだいぶ亡くなられたり一線を退いたりしているので、勢力図というのはだいぶ変わってきているようだ。プロ野球のスカウトもそういう方たちを無視して活動することはできない。

プロ野球選手以前、社会人としてのあるべき姿

河合楽器で過ごした2年間というのは短かったが、人生にとって非常に重要な時間だった。高校・大学で野球をやっているときは、野球関係者以外の人との接点がほとんどなかった。社会人に行ったらそうじゃない。当たり前だが、会社に行けば野球とは一切関係ない人間がいて、それなりに接していかなきゃいけない。

野村さんは、「プロ野球選手はユニフォームを脱いだ後のほうが長いのだから社会性、人間性が大事」だという話をよくされていたが、社会人としてのあるべき姿、礼節、人間的な奥行き、幅の広さの重要性というのは河合楽器で学べたと思っている。

経理の部署にいた時は、上司と一緒に銀行回りに行くこともあった。どういうふうな態度で

銀行の方と接しているのかとか、何が正解かというのは別にしても、どういうふうにあるべきかというのを肌感覚で知ることができた。

都市対抗に向けた合宿の前、職場の同僚たちみんなから「頑張って！」と送り出してもらった。嬉しかった。野球を通じて会社に貢献しよう、そんな使命感を胸に抱いて戦った。

１９８１年の秋、私はヤクルトからドラフト４位で指名を受けた。24歳の時だ。以後の人生をヤクルトとともに歩むことになる。思いがけないヤクルトとの縁。プロ野球選手になること自体、人生の大きな転機だが、待ち受けていたのは、私の想像を遥かに超えるものだった。

エピローグ～ライバルたちの素顔～

2人のライバル

昨年阪神の監督を退任した岡田彰布や、一昨年まで巨人の監督を務めていた原辰徳とは、学生時代からのライバルだ。彼ら2人は学生のときからスターで、プロに入ってからも輝いていたから、単純に残してきた実績を考えると、ライバルといってはおこがましいかもしれない。それでも、大学生時代に日本代表として3・4・5番のクリーンナップを組み、一緒に戦い、立場はその時々で違えど、長くプロ野球界に携わってきた者どうし。長い付き合いがあり、やはり特別な思いがある。

阪神・岡田彰布前監督

2023年、阪神は18年ぶりセ・リーグを制覇、38年ぶりの日本一を成し遂げた。岡田が評論家だった時代に、彼はヤクルトのキャンプに来てくれていた。私が監督をやっている時にちょこちょことね。そういうのもあり、2023年の秋、「優勝おめでとう!」と直接に言うべく神宮の阪神戦で、試合前の練習中に機会をうかがっていた。

そこには高木豊も来ていて、高木が言うには、岡田を呼んでも全然来ないという。岡田は外野のほうにいた。平田《ひらた》勝男《かつお》コーチに、「平田、呼んで来いよ」と言っても「いや、もうすぐ来ますから」。他のやつに言っても全然だめ。岡田は佐藤輝明《さとうてるあき》のバッティングを見終わったあと、やっとこさやって来た。

祝福の言葉を告げたら、岡田はもう本当に満面の笑みだった。2023年春のキャンプの時、彼は、秋のキャンプからずっとやっていて、「ちょっとしんどいわ」と言っていた。テレビを見ていても具合が悪そうに見え、「あいつ、大丈夫かな」と思っていたが、優勝後はとても元気になっていた。

岡田はテレビ解説者のとき、当時の矢野燿大《やのあきひろ》監督の采配なんかに対して結構、「あれはだめだ、これはだめだ」とはっきり言う。岡田は阪神では天皇なんだ。監督時代はもちろん、評論家の時も。誰も岡田にものを言わない。

阪神を代表するレジェンドといえば、岡田じゃなくて掛布さんだっている。しかし掛布さんは監督をやることはなく、岡田になったというのはいろいろな事情はあるのだろうけど、大卒と高卒の違いもあるのだと思う。今回監督になったのも、阪急ホールディングスの上の人たちが早稲田の人が多かったからという話を聞いたことがある。

頑張れ！ 阪神・和田豊

阪神でいうと岡田だけでなく、和田豊《わだゆたか》（現一二軍打撃巡回コーディネーター）との縁もあった。アマチュアの試合を見に行っている時に、よく和田と球場で一緒になった。彼とは監督同士の時も一緒にやっているし、同じ千葉県の人間で、彼は日本大学だけど同じ東都の人間だった。年は私より5つ下。

2018年、私が2回目の監督をやる時のこと。和田が私のところに来て、「小川さん、頑張ってくださいね。個人的にはヤクルトを応援してますから」って言ってくれた。何年か前、矢野の次は、「和田、あるんじゃねえの」ってそんな会話をしていた。

2023年、彼は2軍監督として、8年ぶりに現場復帰した。そんな彼を励ましたかった。「以前の言葉、そっくり返す。個人的には応援するから頑張ってくれな」と彼には言った。岡田にも言った。「阪神とヤクルトのいろいろ関係はあるかもしれないけど、個人的にはずっと大学の時から一緒にやっているから、頑張ってな」と。

阪神との死球騒動

2023年シーズン、阪神とはデッドボールの一件があった。私がなにか言ってもそれはそれで大ごとになるからコメントは出さなかった。昔ならわかるが、今わざと当てるなんてのはない。

かつては阪神の藤浪が、当時5割打っていた絶好調のヤクルト谷内亮太の手首に当てて骨折、畠山も剛速球が頭付近にきてというのもあったし、青木も頭に3発デッドボールを阪神から受けている。真剣勝負の中でのことだからお互い様でもある。

DeNAのエスコバーが阪神の選手に当てて、三浦大輔《みうらだいすけ》監督を巻き込んでの騒動もあった。この年は18年ぶりの優勝がかかった大事なシーズンで、デッドボールに対してすごく敏感になっているというのはわかるけど、熱狂的なファンがいる阪神だけに、岡田にはもう少し冷静でいてほしかったというのはある。

寂しがり屋

岡田は学生時代から結構言いたいことを言うタイプだった。つらいのが、一緒に飲みに行くと、朝までになること。自分の自慢話ばっかりしていて、聞いているほうは疲れる（笑）。

基本的に岡田は寂しがりで、話したがり屋。そして、孤独だと思う。プロ野球監督はみな孤独なものだが、岡田は阪神では天皇。周りからすごく気を使われている分、余計に孤独を感じているだろう。

しかし、そんな岡田を取材するスポーツ記者も大変だ。ある担当記者は岡田と飲みに行ったら、朝の3時、4時まで帰れない覚悟を持たなきゃいけないから、岡田番を外れたいとこぼしていた。別の記者は「やっと岡田さんから離れることができました」なんて言いに来たやつもいた。

かつて星野仙一《ほしのせんいち》さんが監督だったころなんかも、記者が四六時中べったり付いていて、星野さんが自宅に帰ったらやっと仕事が終わりで、朝一番からまた取材みたいな感じだったらしい。昔はそういうのが多かった。

星野さんもそうだし、原もそうだし、朝の散歩からもうずっと。落合さんなんかは「じゃあ、球場に行く車の中で話すわ。おまえも乗れや」みたいな、そういう取材もあったという。

岡田彰布という戦略家

岡田は、やっぱり豪快な男で戦略家。学生時代から今にいたるまであんまり性格は変わっていないと思う。最近はスポーツ紙に「おーん」なんて話し方をちょっとばかにされたように書かれているけど、岡田はそうやって周りから言われても何一つ変えない、淡々とした芯の強い男。ぶれないところがある。

周りにどう評価されているか、どういうふうに見られるかというのは、彼自身いろいろ思うところもあると思うが、何一つスタイルを変えない。

戦略家という面ではこんな話がある。

彼が評論家時代に1回食事をしに行って、そのときヤクルトは高田監督で私はヘッドコーチだった。前年、高田さん1年目のときにヤクルトは140個くらいチームで盗塁をしている。

それを踏まえて、岡田は「1年目にあれだけ走ったんだから、2年目は走らないかな?」「今シーズンは、他のチームが警戒してくるからそう簡単にはいかない。たぶん走らないよな?」みたいに探りを入れてくる。そんなふうに評論家として細かく分析していたね。

2023年の春季キャンプ、今度は彼が阪神の監督で私はヤクルトGMとして再会した。岡田に「佐藤輝明の起用法どうするの、サードをやらせるの?」って聞いたら、「もうサードで固定するよ」と言ってた。

2軍に落としたりしたこともあったけれど、本当に固定していた。佐藤の成長を促すべく刺激を入れてみたり、戦略家だなというのはすごく感じた。

そんな岡田も2024年シーズンをもって阪神の監督を退任した。退任直後に連絡したら元気がなかった。ただしばらくしてもう一度連絡したら声の張りが全然ちがっていた。元気になっていたんだ。年齢もあるが、岡田でも疲弊するほど、阪神で監督を務めるのはハードなことだったんだろう。彼はつらくても弱みは見せないし、愚痴は言わなかった。

原辰徳の変遷

原とは大学日本代表だけでなく、高校のオールジャパンでもチームメートであり、一緒にアメリカにも行った。長い付き合いだ。

彼のいた神奈川の東海大相模は、私の習志野高校とは違い、ガチガチの軍隊形式ではなく練習後にはチームの仲間と遊びにいくポップさがあり、原もカラオケが上手で、遊び慣れている感じだった。

東海大相模はそういうところがすごく進んでいて、エンジョイベースボールじゃないが、ちゃんとプライベートの部分では高校生活を楽しんでいる感じがして、うらやましかった。

原自身は高校の時から爽やか、キラキラしていた。ただ、あれが本当の彼のキャラなのかどうかというのはわからない。もし違うんだったら、あれをずっと演じているというのは大変だろうな。

原は巨人の監督を何年もやっていくうちに、長嶋さんに話し方や話す内容、言葉の使い方なんかが近くなった感じを受けていた。

現役時代、彼は巨人の4番でずっとやってきたが、巨人は落合さんや清原とか、新外国人など有力選手がどんどん入って来るチーム。

若大将の原もだんだんと人生の苦悩を覚えていって、選手時代の終盤はとてもきつそうに見えた。

監督になっても第1次政権の終わりに際して甲子園で、星野監督の胸を借りて泣いたり、正直いうと良くも悪くも青い部分があった。

けれど、第2次政権以降というのは逆に非情なタイプで、選手を突き放すというか、ずいぶんと図太く変わってきているように見えた。

ただ厳しさの一方、すごく温かい部分もあり、これは聞いた話だが、彼は選手一人ひとりにメールをするらしい。メールの交換をしていること自体がまずすごい。私にはできないことだ。

ちなみに原は監督時代、次の日の試合の作戦など夜、考えごとをして眠れないときは「寝るな、起きて考えろ」と、父の貢《みつぐ》さんから言われていたという。なるほどなと思った。結局、頭の中をいろんな考えがめぐるだけで、なんの解決にもならない。ただ眠れないだけだから。私が監督だったとき、眠れないということはなかった。打順のオーダーなどは朝、散歩しながら考えることが多かった。ただ散歩から帰ってくると忘れてしまうというのが我ながら情けなかった。

中村勝広さん

岡田や原のように元チームメートというわけではないが、同じプロ野球の仲間として忘れがたい人がいる。中村勝広《なかむらかつひろ》さんだ。

前述したが、学生時代とは打って変わって、私はプロに入ってからは優勝に縁がなかった。ただ、それはもう純粋に自分の実力不足だと思っているから誰かに恨みもない。

かつて阪神やオリックスで監督を務めた中村勝広さんも私とちょっと似た境遇の方だった。中村さんは私よりずいぶんと年上の方だし、そんなに親しいわけでもなかったが、地元が同じ千葉ということで、中村さんが2015年に亡くなった時に、甲子園でのお別れの会に参列させていただいた。

この会の最後、ニューヨークでお医者さんをされている中村さんの息子さんが参列者に挨拶した。中村さんは2軍監督をやり、阪神とオリックスで1軍監督をやり、GMもやられた方だが優勝にはついぞ縁がなかった。しかし、優勝のために一生懸命、必死になって野球に向き合い、取り組んでいたという。

中村さんは無念だったと思う。充実していたとも思う。そのスピーチは心に響き、今も忘れることができない。

おわりに

小川家は祖父と父が保護司の仕事をしていた。保護司というのは刑務所から出て、保護観察処分を受けた人に話をしたりして更生・社会復帰を手助けするという仕事。無給なので仕事というよりもボランティアだ。

祖父や父は家で彼らと話をするのだが、約束した日に来ない人も多かったらしい。でもそういう人たちに「なんで約束したのに来ないんだ」と問い詰めず、来られなかったら来られなかったでしょうがないから、「じゃあ、次は何日の何時に待っているから」と改めて伝えるという。その日に待っているけれど、また来ない。そんなことを何度も繰り返していると、やがて来てくれる日があるという。

私が2軍監督を務めたときに、父からこんなことを言われた。

「犯罪者は出会いの失敗者なんだ。毎年新しく18歳とか22歳で入ってくる選手が出会いの失敗者とならないように、おまえは誠意を持ってちゃんと接しなきゃだめだ」

この言葉は、今も深く胸に抱いている。毎年、多くの選手が入団し、同じ数だけ去っていく。入団した選手には、この縁がよきものとなるようできる限りの手助けをしようと思うし、勝負の世界の厳しさゆえに去っていく選手には、少しでもヤクルトに入ってよかったと思ってもらえたならと思っている。縁あって入って来る選手たちが出会いの失敗者とならぬように。きれいごとかもしれないが、そう思っている。

名将・野村克也さんは、「人を残す」ということが指導者の仕事の1つだとよくおっしゃっていた。「人を残す」ということはどういうことなのか。

プレーヤーとして成長させて一人前のプロにすることなのか、仮にプロで成功しなかったとしてもその後の長い人生を豊かに暮らせるような人間力を身に付けさせることなのか、その両方か。そしてどうすれば、人を残せるのか。そんなことをずっと考えながら指導者としての日々を過ごしてきた。

プロ野球は実力の世界で、よくも悪くも古い体質がけっこう残っている。しかし、かつての常識はもう通用しないだろう。選手への接し方、指導方法――ゼネラルマネージャーとして常によりよいものを求めて自分自身をブラッシュアップしていく必要があると感じている。

指導者は選手たちに猛練習を課す。とかく指導者は、そうして一流になった選手のことを「あいつは俺が育てた」みたいに言いがちだが、それはおごりだろう。選手たちは、自分の努力と感性で勝手に育っている。実際、指導者ができることは、よき伴走者として選手が大きく間違った方向にいかないように気を配るだけ。

逆に、指導者は選手に育てられているともいえる。猛練習が本当に身になったかどうかは、選手に聞いてみなければわからない。石川、青木、小川、山田、村上――彼らはどう思っているだろうか。

監督時代、私には「野村ＩＤ野球」とか、キャッチフレーズとなるような戦法やイズムがなかった。あえていえば、自分の色がない野球だった。選手になるべくのびのびとプレーさせて、個々の選手の出力をＭＡＸにさせることで勝利につなげていく、そんな野球をしていた。

勝負の世界だから、甘いことをやっていたら負けてしまう。しかし、否が応でもプレッシャーにさらされる選手には、なるべく余計なストレスを与えないよう、それだけは気を付けていた。

たいてい監督となる人は現役時代、素晴らしい実績を残した強烈な個性をもった人ばかり。私はそうじゃない。選手としての成功体験に乏しく、〝こうやれば成功する〟という絶対的確信がなかったから、選手ファーストの野球になっていったのかもしれない。

だからといって、〝勝利〟〝優勝〟という大前提を無視したことは一度もない。いろんな戦い方、戦術、指導があるが、少なくとも私にとっては私のやり方が一番勝利へと続く道だった。

１９８２年の入団から今日まで、私の人生はヤクルトとともにあり、まさに〝スワローズ人生〟だった。選手、スカウト、コーチ、２軍監督、１軍ヘッドコーチ、１軍監督、シニアディレクター、ゼネラルマネージャー――じつにいろんな仕事をさせていただいた。球団には感謝の思いしかない。

昔はジャイアンツのキャップをかぶった少年が多かったが、近ごろはヤクルトのキャップをかぶっている子も多く見かけるようになった。観客動員も伸び、時代は少しずつ変わってきている。

最下位と優勝をいったりきたりのジェットコースターのような成績を繰り返すヤクルトのことを、私の知人のヤクルトファンは「日本一愛らしくてセクシーな球団」だと言っていた。永続的な真の強さを獲得し、再び黄金期を、いやこれまで以上の黄金時代を作るべく、選手・監督をはじめ、ヤクルトに携わるすべての人が日々奮闘している。恩返しといったら大げさだが、少しでもその一助になれたら嬉しい。

自分から積極的に取りに行くことはないが、「与えられたものに対して、一生懸命にやる」。このことが私の誇りであり、私の人生の証しだった。今、与えられているGMという仕事をこれまでの人生と同じように全力でまっとうしたい。その先にある輝ける未来を信じている。

最後に。2月7日に衣笠剛会長兼オーナー代行がご逝去されました。76歳でした。本当にお世話になった方であり、残念でなりません。それまでヤクルトにはなかったポジション（SD、GM）をやらせていただき、2回も監督をやらせていただきました。衣笠会長にはいくら感謝してもしきれません。もう一度、ヤクルトが日本一に輝く姿をお見せしたかったです。心よりご冥福をお祈りいたします。

1982－2024

年度別成績データ

1982年　[監督]武上四郎

順位	チーム	試合	勝	敗	分	勝率	ゲーム差
1	中日	130	64	47	19	.577	—
2	巨人	130	66	50	14	.569	0.5
3	阪神	130	65	57	8	.533	4.5
4	広島	130	59	58	13	.504	8.0
5	大洋	130	53	65	12	.449	14.5
6	**ヤクルト**	**130**	**45**	**75**	**10**	**.375**	**23.5**

ベーシック・オーダー

(遊) 水谷新太郎
(三) 角富士夫
(左) 若松勉
(中) ブリッグス
(一) 大杉勝男
(右) 杉浦享
(二) 渡辺進
(捕) 大矢明彦
(投) 尾花高夫
(投) 松岡弘
(投) 鈴木康二朗
(投) 梶間健一
(投) 宮本賢治

1983年　[監督]武上四郎

順位	チーム	試合	勝	敗	分	勝率	ゲーム差
1	巨人	130	72	50	8	.590	—
2	広島	130	65	55	10	.542	6.0
3	大洋	130	61	61	8	.500	11.0
4	阪神	130	62	63	5	.496	11.5
5	中日	130	54	69	7	.439	18.5
6	**ヤクルト**	**130**	**53**	**69**	**8**	**.434**	**19.0**

ベーシック・オーダー

(遊) 水谷新太郎
(三) 渡辺進
(左) 若松勉
(一) 大杉勝男
(右) 杉浦享
(二) マルカーノ
(中) ブリッグス
(捕) 八重樫幸雄
(投) 梶間健一
(投) 尾花高夫
(投) 松岡弘
(投) 宮本賢治
(投) 井本隆

1984年　[監督]武上四郎→中西太→土橋正幸

順位	チーム	試合	勝	敗	分	勝率	ゲーム差
1	広島	130	75	45	10	.625	—
2	中日	130	73	49	8	.598	3.0
3	巨人	130	67	54	9	.554	8.5
4	阪神	130	53	69	8	.434	23.0
5	**ヤクルト**	**130**	**51**	**71**	**8**	**.418**	**25.0**
6	大洋	130	46	77	7	.374	30.5

ベーシック・オーダー

(遊) 水谷新太郎
(三) 角富士夫
(左) 若松勉
(二) マルカーノ
(中) 杉浦享
(捕) 八重樫幸雄
(一) 渡辺進
(右) 小川淳司
(投) 尾花高夫
(投) 梶間健一
(投) 高野光
(投) 大川章
(投) 宮本賢治

1985年　[監督]土橋正幸

順位	チーム	試合	勝	敗	分	勝率	ゲーム差
1	阪神	130	74	49	7	.602	—
2	広島	130	68	57	5	.544	7.0
3	巨人	130	61	60	9	.504	12.0
4	大洋	130	57	61	12	.483	14.5
5	中日	130	56	61	13	.479	15.0
6	**ヤクルト**	**130**	**46**	**74**	**10**	**.383**	**26.5**

ベーシック・オーダー

(遊) 水谷新太郎
(三) 角富士夫
(左) 若松勉
(中) 杉浦享
(捕) 八重樫幸雄
(二) マルカーノ
(一) 広沢克己
(右) 小川淳司
(投) 尾花高夫
(投) 梶間健一
(投) 高野光
(投) 荒木大輔
(投) 阿井英二郎

1986年　[監督] 土橋正幸

順位	チーム	試合	勝	敗	分	勝率	ゲーム差
1	広島	130	73	46	11	.613	―
2	巨人	130	75	48	7	.610	0.0
3	阪神	130	60	60	10	.500	13.5
4	大洋	130	56	69	5	.448	20.0
5	中日	130	54	67	9	.446	20.0
6	**ヤクルト**	**130**	**49**	**77**	**4**	**.389**	**27.5**

ベーシック・オーダー

(右) 栗山英樹
(二) 水谷新太郎
(左) 若松勉
(三) レオン
(中) ブロハード
(一) 広沢克己
(捕) 八重樫幸雄
(遊) 渋井敬一
(投) 高野光
(投) 阿井英二郎
(投) 尾花高夫
(投) 荒木大輔
(投) 伊東昭光

1987年　[監督] 関根潤三

順位	チーム	試合	勝	敗	分	勝率	ゲーム差
1	巨人	130	76	43	11	.639	―
2	中日	130	68	51	11	.571	8.0
3	広島	130	65	55	10	.542	11.5
4	**ヤクルト**	**130**	**58**	**64**	**8**	**.475**	**19.5**
5	大洋	130	56	68	6	.452	22.5
6	阪神	130	41	83	6	.331	37.5

ベーシック・オーダー

(中) 荒井幸雄
(二) 渋井敬一
(左) 杉浦享
(三) ホーナー
(一) レオン
(右) 広沢克己
(捕) 八重樫幸雄
(遊) 池山隆寛
(投) 伊東昭光
(投) 尾花高夫
(投) 荒木大輔
(投) 高野光
(投) 矢野和哉

1988年　[監督] 関根潤三

順位	チーム	試合	勝	敗	分	勝率	ゲーム差
1	中日	130	79	46	5	.632	―
2	巨人	130	68	59	3	.535	12.0
3	広島	130	65	62	3	.512	15.0
4	大洋	130	59	67	4	.468	20.5
5	**ヤクルト**	**130**	**58**	**69**	**3**	**.457**	**22.0**
6	阪神	130	51	77	2	.398	29.5

ベーシック・オーダー

(左) 荒井幸雄
(中) 栗山英樹
(遊) 池山隆寛
(右) 広沢克己
(一) 杉浦享
(三) デシンセイ
(捕) 秦真司
(二) 渋井敬一
(投) 伊東昭光
(投) 尾花高夫
(投) ギブソン
(投) 高野光
(投) 中本茂樹

1989年　[監督] 関根潤三

順位	チーム	試合	勝	敗	分	勝率	ゲーム差
1	巨人	130	84	44	2	.656	―
2	広島	130	73	51	6	.589	9.0
3	中日	130	68	59	3	.535	15.5
4	**ヤクルト**	**130**	**55**	**72**	**3**	**.433**	**28.5**
5	阪神	130	54	75	1	.419	30.5
6	大洋	130	47	80	3	.370	36.5

ベーシック・オーダー

(二) 笘篠賢治
(中) 栗山英樹
(左) 荒井幸雄
(一) パリッシュ
(右) 広沢克己
(遊) 池山隆寛
(三) 角富士夫
(捕) 秦真司
(投) 内藤尚行
(投) 尾花高夫
(投) 加藤博人
(投) 矢野和哉
(投) 中本茂樹

1990年　［監督］野村克也

順位	チーム	試合	勝	敗	分	勝率	ゲーム差
1	巨人	130	88	42	0	.677	―
2	広島	132	66	64	2	.508	22.0
3	大洋	133	64	66	3	.492	24.0
4	中日	131	62	68	1	.477	26.0
5	**ヤクルト**	**130**	**58**	**72**	**0**	**.446**	**30.0**
6	阪神	130	52	78	0	.400	36.0

ベーシック・オーダー

(二) 飯田哲也
(中) 柳田浩一
(左) 荒井幸雄
(一) 広沢克己
(遊) 池山隆寛
(右) 秦真司
(三) 角富士夫
(捕) 古田敦也

(投) 川崎憲次郎
(投) 宮本賢治
(投) 西村龍次
(投) 内藤尚行
(投) 金沢次男

1991年　［監督］野村克也

順位	チーム	試合	勝	敗	分	勝率	ゲーム差
1	広島	132	74	56	2	.569	―
2	中日	131	71	59	1	.546	3.0
3	**ヤクルト**	**132**	**67**	**63**	**2**	**.515**	**7.0**
4	巨人	130	66	64	0	.508	8.0
5	大洋	131	64	66	1	.492	10.0
6	阪神	130	48	82	0	.369	26.0

ベーシック・オーダー

(中) 飯田哲也
(左) 笘篠賢治
(二) レイ
(一) 広沢克己
(遊) 池山隆寛
(右) 秦真司
(三) 角富士夫
(捕) 古田敦也

(投) 西村龍次
(投) 川崎憲次郎
(投) 岡林洋一
(投) 加藤博人
(投) 尾花高夫

1992年　［監督］野村克也

順位	チーム	試合	勝	敗	分	勝率	ゲーム差
1	**ヤクルト**	**131**	**69**	**61**	**1**	**.531**	**―**
2	巨人	130	67	63	0	.515	2.0
2	阪神	132	67	63	2	.515	2.0
4	広島	130	66	64	0	.508	3.0
5	大洋	131	61	69	1	.469	8.0
6	中日	130	60	70	0	.462	9.0

ベーシック・オーダー

(中) 飯田哲也
(左) 荒井幸雄
(捕) 古田敦也
(一) 広沢克己
(三) ハウエル
(遊) 池山隆寛
(右) 秦真司
(二) パリデス

(投) 岡林洋一
(投) 西村龍次
(投) 伊東昭光
(投) 高野光
(投) 内藤尚行

1993年　［監督］野村克也

順位	チーム	試合	勝	敗	分	勝率	ゲーム差
1	**ヤクルト**	**132**	**80**	**50**	**2**	**.615**	**―**
2	中日	132	73	57	2	.562	7.0
3	巨人	131	64	66	1	.492	16.0
4	阪神	132	63	67	2	.485	17.0
5	横浜	130	57	73	0	.438	23.0
6	広島	131	53	77	1	.408	27.0

ベーシック・オーダー

(中) 城友博
(左) 荒井幸雄
(捕) 古田敦也
(一) 広沢克己
(三) ハウエル
(遊) 池山隆寛
(右) 秦真司
(二) ハドラー

(投) 伊東昭光
(投) 西村龍次
(投) 山田勉
(投) 川崎憲次郎
(投) 高津臣吾

1994年　[監督]野村克也

順位	チーム	試合	勝	敗	分	勝率	ゲーム差
1	巨人	130	70	60	0	.538	ー
2	中日	130	69	61	0	.531	1.0
3	広島	130	66	64	0	.508	4.0
4	**ヤクルト**	**130**	**62**	**68**	**0**	**.477**	**8.0**
4	阪神	130	62	68	0	.477	8.0
6	横浜	130	61	69	0	.469	9.0

ベーシック・オーダー

(中) 飯田哲也
(左) 荒井幸雄
(右) クラーク
(一) 広沢克己
(三) ハウエル
(遊) 池山隆寛
(捕) 古田敦也
(二) 土橋勝征
(投) 岡林洋一
(投) 山田勉
(投) 髙津臣吾
(投) 伊東昭光
(投) 石井一久

1995年　[監督]野村克也

順位	チーム	試合	勝	敗	分	勝率	ゲーム差
1	**ヤクルト**	**130**	**82**	**48**	**0**	**.631**	**ー**
2	広島	131	74	56	1	.569	8.0
3	巨人	131	72	58	1	.554	10.0
4	横浜	130	66	64	0	.508	16.0
5	中日	130	50	80	0	.385	32.0
6	阪神	130	46	84	0	.354	36.0

ベーシック・オーダー

(中) 飯田哲也
(右) 稲葉篤紀
(二) 土橋勝征
(一) オマリー
(捕) 古田敦也
(左) 秦真司
(遊) 池山隆寛
(三) ミューレン
(投) 山部太
(投) ブロス
(投) 石井一久
(投) 吉井理人
(投) 髙津臣吾

1996年　[監督]野村克也

順位	チーム	試合	勝	敗	分	勝率	ゲーム差
1	巨人	130	77	53	0	.592	ー
2	中日	130	72	58	0	.554	5.0
3	広島	130	71	59	0	.546	6.0
4	**ヤクルト**	**130**	**61**	**69**	**0**	**.469**	**16.0**
5	横浜	130	55	75	0	.423	22.0
6	阪神	130	54	76	0	.415	23.0

ベーシック・オーダー

(中) 飯田哲也
(右) 稲葉篤紀
(二) 辻発彦
(一) オマリー
(捕) 古田敦也
(左) 土橋勝征
(三) ミューレン
(遊) 宮本慎也
(投) 田畑一也
(投) 吉井理人
(投) ブロス
(投) 山部太
(投) 髙津臣吾

1997年　[監督]野村克也

順位	チーム	試合	勝	敗	分	勝率	ゲーム差
1	**ヤクルト**	**137**	**83**	**52**	**2**	**.615**	**ー**
2	横浜	135	72	63	0	.533	11.0
3	広島	135	66	69	0	.489	17.0
4	巨人	135	63	72	0	.467	20.0
5	阪神	136	62	73	1	.459	21.0
6	中日	136	59	76	1	.437	24.0

ベーシック・オーダー

(中) 飯田哲也
(右) 稲葉篤紀
(左) ホージー
(捕) 古田敦也
(一) 小早川毅彦
(二) 土橋勝征
(三) 池山隆寛
(遊) 宮本慎也
(投) 田畑一也
(投) 吉井理人
(投) 石井一久
(投) 髙津臣吾
(投) 伊藤智仁

1998年　[監督]野村克也

順位	チーム	試合	勝	敗	分	勝率	ゲーム差
1	横浜	136	79	56	1	.585	—
2	中日	136	75	60	1	.556	4.0
3	巨人	135	73	62	0	.541	6.0
4	**ヤクルト**	**135**	**66**	**69**	**0**	**.489**	**13.0**
5	広島	135	60	75	0	.444	19.0
6	阪神	135	52	83	0	.385	27.0

ベーシック・オーダー

(中) 飯田哲也
(右) 真中満
(二) 土橋勝征
(捕) 古田敦也
(三) 池山隆寛
(左) ホージー
(一) 副島孔太
(遊) 宮本慎也

(投) 川崎憲次郎
(投) 石井一久
(投) 山本樹
(投) 伊藤智仁
(投) 廣田浩章

1999年　[監督]若松勉

順位	チーム	試合	勝	敗	分	勝率	ゲーム差
1	中日	135	81	54	0	.600	—
2	巨人	135	75	60	0	.556	6.0
3	横浜	135	71	64	0	.526	10.0
4	**ヤクルト**	**135**	**66**	**69**	**0**	**.489**	**15.0**
5	広島	135	57	78	0	.422	24.0
6	阪神	135	55	80	0	.407	26.0

ベーシック・オーダー

(中) 真中満
(遊) 宮本慎也
(左) 佐藤真一
(一) ペタジーニ
(捕) 古田敦也
(右) スミス
(三) 岩村明憲
(二) 馬場敏史

(投) ハッカミー
(投) 高木晃次
(投) 石井一久
(投) 伊藤智仁
(投) 高津臣吾

2000年　[監督]若松勉

順位	チーム	試合	勝	敗	分	勝率	ゲーム差
1	巨人	135	78	57	0	.578	—
2	中日	135	70	65	0	.519	8.0
3	横浜	136	69	66	1	.511	9.0
4	**ヤクルト**	**136**	**66**	**69**	**1**	**.489**	**12.0**
5	広島	136	65	70	1	.481	13.0
6	阪神	136	57	78	1	.422	21.0

ベーシック・オーダー

(中) 真中満
(二) 土橋勝征
(右) 稲葉篤紀
(一) ペタジーニ
(捕) 古田敦也
(左) 高橋智
(三) 岩村明憲
(遊) 宮本慎也

(投) 五十嵐亮太
(投) 石井一久
(投) ハッカミー
(投) 川崎憲次郎
(投) 高津臣吾

2001年　[監督]若松勉

順位	チーム	試合	勝	敗	分	勝率	ゲーム差
1	**ヤクルト**	**140**	**76**	**58**	**6**	**.567**	**—**
2	巨人	140	75	63	2	.543	—
3	横浜	140	69	67	4	.507	—
4	広島	140	68	65	7	.511	—
5	中日	140	62	74	4	.456	—
6	阪神	140	57	80	3	.416	—

※2001年セ・リーグ順位決定方式は「勝利数優先」

ベーシック・オーダー

(中) 真中満
(遊) 宮本慎也
(右) 稲葉篤紀
(一) ペタジーニ
(捕) 古田敦也
(三) 岩村明憲
(左) ラミレス
(二) 土橋勝征

(投) 藤井秀悟
(投) 石井一久
(投) 入来智
(投) 前田浩継
(投) 高津臣吾

2002年　[監督]若松勉

順位	チーム	試合	勝	敗	分	勝率	ゲーム差
1	巨人	140	86	52	2	.623	―
2	**ヤクルト**	**140**	**74**	**62**	**4**	**.544**	**11.0**
3	中日	140	69	66	5	.511	15.5
4	阪神	140	66	70	4	.485	19.0
5	広島	140	64	72	4	.471	21.0
6	横浜	140	49	86	5	.363	35.5

ベーシック・オーダー

(中) 真中満
(遊) 宮本慎也
(右) 稲葉篤紀
(一) ペタジーニ
(捕) 古田敦也
(三) 岩村明憲
(左) ラミレス
(二) 城石憲之

投　ホッジス
投　石川雅規
投　藤井秀悟
投　五十嵐亮太
投　高津臣吾

2003年　[監督]若松勉

順位	チーム	試合	勝	敗	分	勝率	ゲーム差
1	阪神	140	87	51	2	.630	―
2	中日	140	73	66	1	.525	14.5
3	巨人	140	71	66	3	.518	15.5
3	**ヤクルト**	**140**	**71**	**66**	**3**	**.518**	**15.5**
5	広島	140	67	71	2	.486	20.0
6	横浜	140	45	94	1	.324	42.5

ベーシック・オーダー

(中) 真中満
(遊) 宮本慎也
(一) ベッツ
(左) ラミレス
(三) 鈴木健
(捕) 古田敦也
(右) 稲葉篤紀
(二) 土橋勝征

(投) 石川雅規
(投) ベバリン
(投) 石井弘寿
(投) 鎌田祐哉
(投) 高津臣吾

2004年　[監督]若松勉

順位	チーム	試合	勝	敗	分	勝率	ゲーム差
1	中日	138	79	56	3	.585	―
2	**ヤクルト**	**138**	**72**	**64**	**2**	**.529**	**7.5**
3	巨人	138	71	64	3	.526	8.0
4	阪神	138	66	70	2	.485	13.5
5	広島	138	60	77	1	.438	20.0
6	横浜	138	59	76	3	.437	20.0

ベーシック・オーダー

(中) 真中満
(遊) 宮本慎也
(三) 岩村明憲
(左) ラミレス
(一) 鈴木健
(捕) 古田敦也
(右) 稲葉篤紀
(二) 土橋勝征

(投) 石川雅規
(投) 川島亮
(投) ベバリン
(投) 石堂克利
(投) 五十嵐亮太

2005年　[監督]若松勉

順位	チーム	試合	勝	敗	分	勝率	ゲーム差
1	阪神	146	87	54	5	.617	―
2	中日	146	79	66	1	.545	10.0
3	横浜	146	69	70	7	.496	17.0
4	**ヤクルト**	**146**	**71**	**73**	**2**	**.493**	**17.5**
5	巨人	146	62	80	4	.437	25.5
6	広島	146	58	84	4	.408	29.5

ベーシック・オーダー

(中) 青木宣親
(遊) 宮本慎也
(三) 岩村明憲
(左) ラミレス
(右) 宮出隆自
(一) リグス
(捕) 古田敦也
(二) 城石憲之

(投) 藤井秀悟
(投) 石川雅規
(投) 館山昌平
(投) 川島亮
(投) 石井弘寿

2006年 [監督]古田敦也

順位	チーム	試合	勝	敗	分	勝率	ゲーム差
1	中日	146	87	54	5	.617	―
2	阪神	146	84	58	4	.592	3.5
3	**東京ヤクルト**	**146**	**70**	**73**	**3**	**.490**	**18.0**
4	巨人	146	65	79	2	.451	23.5
5	広島	146	62	79	5	.440	25.0
6	横浜	146	58	84	4	.408	29.5

ベーシック・オーダー

(中) 青木宣親
(一) リグス
(三) 岩村明憲
(左) ラミレス
(二) ラロッカ
(右) 宮出隆自
(遊) 宮本慎也
(捕) 米野智人
(投) 石井一久
(投) 石川雅規
(投) ガトームソン
(投) ゴンザレス
(投) 髙津臣吾

2007年 [監督]古田敦也

順位	チーム	試合	勝	敗	分	勝率	ゲーム差
1	巨人	144	80	63	1	.559	―
2	中日	144	78	64	2	.549	1.5
3	阪神	144	74	66	4	.529	4.5
4	横浜	144	71	72	1	.497	9.0
5	広島	144	60	82	2	.423	19.5
6	**東京ヤクルト**	**144**	**60**	**84**	**0**	**.417**	**20.5**

ベーシック・オーダー

(中) 青木宣親
(二) 田中浩康
(左) ラミレス
(右) ガイエル
(一) 宮出隆自
(遊) 宮本慎也
(三) 飯原誉士
(捕) 福川将和
(投) グライシンガー
(投) 石井一久
(投) 藤井秀悟
(投) 石川雅規
(投) 髙津臣吾

2008年 [監督]高田繁

順位	チーム	試合	勝	敗	分	勝率	ゲーム差
1	巨人	144	84	57	3	.596	―
2	阪神	144	82	59	3	.582	2.0
3	中日	144	71	68	5	.511	12.0
4	広島	144	69	70	5	.496	14.0
5	**東京ヤクルト**	**144**	**66**	**74**	**4**	**.471**	**17.5**
6	横浜	144	48	94	2	.338	36.5

ベーシック・オーダー

(右) 福地寿樹
(三) 宮本慎也
(中) 青木宣親
(一) 畠山和洋
(左) 飯原誉士
(二) 田中浩康
(遊) 川島慶三
(捕) 福川将和
(投) 石川雅規
(投) 館山昌平
(投) 川島亮
(投) 村中恭兵
(投) 林昌勇

2009年 [監督]高田繁

順位	チーム	試合	勝	敗	分	勝率	ゲーム差
1	巨人	144	89	46	9	.659	―
2	中日	144	81	62	1	.566	12.0
3	**東京ヤクルト**	**144**	**71**	**72**	**1**	**.497**	**22.0**
4	阪神	144	67	73	4	.479	24.5
5	広島	144	65	75	4	.464	26.5
6	横浜	144	51	93	0	.354	42.5

ベーシック・オーダー

(左) 福地寿樹
(二) 田中浩康
(中) 青木宣親
(一) デントナ
(右) ガイエル
(三) 宮本慎也
(捕) 相川亮二
(遊) 川島慶三
(投) 館山昌平
(投) 石川雅規
(投) 松岡健一
(投) 林昌勇
(投) 由規

2010年　[監督]高田繁→小川淳司

順位	チーム	試合	勝	敗	分	勝率	ゲーム差
1	中日	144	79	62	3	.560	―
2	阪神	144	78	63	3	.553	1.0
3	巨人	144	79	64	1	.552	1.0
4	**東京ヤクルト**	**144**	**72**	**68**	**4**	**.514**	**6.5**
5	広島	144	58	84	2	.408	21.5
6	横浜	144	48	95	1	.336	32.0

ベーシック・オーダー
(中)青木宣親
(二)田中浩康
(右)飯原誉士
(一)ホワイトセル
(左)畠山和洋
(捕)相川亮二
(三)宮本慎也
(遊)川端慎吾
(投)石川雅規
(投)由規
(投)館山昌平
(投)村中恭兵
(投)林昌勇

2011年　[監督]小川淳司

順位	チーム	試合	勝	敗	分	勝率	ゲーム差
1	中日	144	75	59	10	.560	―
2	**東京ヤクルト**	**144**	**70**	**59**	**15**	**.543**	**2.5**
3	巨人	144	71	62	11	.534	3.5
4	阪神	144	68	70	6	.493	9.0
5	広島	144	60	76	8	.441	16.0
6	横浜	144	47	86	11	.353	27.5

ベーシック・オーダー
(中)青木宣親
(二)田中浩康
(一)ホワイトセル
(左)畠山和洋
(右)バレンティン
(三)宮本慎也
(遊)川端慎吾
(捕)相川亮二
(投)館山昌平
(投)石川雅規
(投)増渕竜義
(投)由規
(投)林昌勇

2012年　[監督]小川淳司

順位	チーム	試合	勝	敗	分	勝率	ゲーム差
1	巨人	144	86	43	15	.667	―
2	中日	144	75	53	16	.586	10.5
3	**東京ヤクルト**	**144**	**68**	**65**	**11**	**.511**	**20.0**
4	広島	144	61	71	12	.462	26.5
5	阪神	144	55	75	14	.423	31.5
6	DeNA	144	46	85	13	.351	41.0

ベーシック・オーダー
(左)ミレッジ
(二)田中浩康
(遊)川端慎吾
(一)畠山和洋
(右)バレンティン
(三)宮本慎也
(中)福地寿樹
(捕)中村悠平
(投)館山昌平
(投)村中恭兵
(投)ロマン
(投)赤川克紀
(投)バーネット

2013年　[監督]小川淳司

順位	チーム	試合	勝	敗	分	勝率	ゲーム差
1	巨人	144	84	53	7	.613	―
2	阪神	144	73	67	4	.521	12.5
3	広島	144	69	72	3	.489	17.0
4	中日	144	64	77	3	.454	22.0
5	DeNA	144	64	79	1	.448	23.0
6	**東京ヤクルト**	**144**	**57**	**83**	**4**	**.407**	**28.5**

ベーシック・オーダー
(二)山田哲人
(中)上田剛史
(左)ミレッジ
(右)バレンティン
(一)畠山和洋
(三)川端慎吾
(遊)森岡良介
(捕)中村悠平
(投)小川泰弘
(投)石川雅規
(投)八木亮祐
(投)村中恭兵
(投)山本哲哉

2014年 [監督]小川淳司

順位	チーム	試合	勝	敗	分	勝率	ゲーム差
1	巨人	144	82	61	1	.573	—
2	阪神	144	75	68	1	.524	7.0
3	広島	144	74	68	2	.521	7.5
4	中日	144	67	73	4	.479	13.5
5	DeNA	144	67	75	2	.472	14.5
6	**東京ヤクルト**	**144**	**60**	**81**	**3**	**.426**	**21.0**

ベーシック・オーダー

(二) 山田哲人
(中) 上田剛史
(三) 川端慎吾
(左) バレンティン
(右) 雄平
(一) 畠山和洋
(遊) 荒木貴裕
(捕) 中村悠平

(投) 石川雅規
(投) 小川泰弘
(投) 八木亮祐
(投) ナーブソン
(投) バーネット

2015年 [監督]真中満

順位	チーム	試合	勝	敗	分	勝率	ゲーム差
1	**東京ヤクルト**	**143**	**76**	**65**	**2**	**.539**	**—**
2	巨人	143	75	67	1	.528	1.5
3	阪神	143	70	71	2	.496	6.0
4	広島	143	69	71	3	.493	6.5
5	中日	143	62	77	4	.446	13.0
6	DeNA	143	62	80	1	.437	14.5

ベーシック・オーダー

(中) 比屋根渉
(三) 川端慎吾
(二) 山田哲人
(一) 畠山和洋
(右) 雄平
(遊) 大引啓次
(左) デニング
(捕) 中村悠平

(投) 石川雅規
(投) 小川泰弘
(投) 館山昌平
(投) 山中浩史
(投) バーネット

2016年 [監督]真中満

順位	チーム	試合	勝	敗	分	勝率	ゲーム差
1	広島	143	89	52	2	.631	—
2	巨人	143	71	69	3	.507	17.5
3	DeNA	143	69	71	3	.493	19.5
4	阪神	143	64	76	3	.457	24.5
5	**東京ヤクルト**	**143**	**64**	**78**	**1**	**.451**	**25.5**
6	中日	143	58	82	3	.414	30.5

ベーシック・オーダー

(中) 坂口智隆
(三) 川端慎吾
(二) 山田哲人
(左) バレンティン
(右) 雄平
(一) 今浪隆博
(遊) 大引啓次
(捕) 中村悠平

(投) 石川雅規
(投) 小川泰弘
(投) 山中浩史
(投) 村中恭兵
(投) 秋吉亮

2017年 [監督]真中満

順位	チーム	試合	勝	敗	分	勝率	ゲーム差
1	広島	143	88	51	4	.633	—
2	阪神	143	78	61	4	.561	10.0
3	DeNA	143	73	65	5	.529	4.5
4	巨人	143	72	68	3	.514	2.0
5	中日	143	59	79	5	.428	12.0
6	**東京ヤクルト**	**143**	**45**	**96**	**2**	**.319**	**15.5**

ベーシック・オーダー

(中) 坂口智隆
(遊) 大引啓次
(二) 山田哲人
(左) バレンティン
(右) 雄平
(一) 荒木貴裕
(捕) 中村悠平
(三) 藤井亮太

(投) 小川泰弘
(投) ブキャナン
(投) 星知弥
(投) 石川雅規
(投) 秋吉亮

2018年　[監督] 小川淳司

順位	チーム	試合	勝	敗	分	勝率	ゲーム差
1	広島	143	82	59	2	.582	ー
2	**東京ヤクルト**	**143**	**75**	**66**	**2**	**.532**	**7.0**
3	巨人	143	67	71	5	.486	6.5
4	DeNA	143	67	74	2	.475	1.5
5	中日	143	63	78	2	.447	4.0
6	阪神	143	62	79	2	.440	1.0

ベーシック・オーダー

(一) 坂口智隆
(中) 青木宣親
(二) 山田哲人
(左) バレンティン
(右) 雄平
(三) 川端慎吾
(遊) 西浦直亨
(捕) 中村悠平

(投) ブキャナン
(投) 小川泰弘
(投) 石川雅規
(投) 近藤一樹
(投) 石山泰稚

2019年　[監督] 小川淳司

順位	チーム	試合	勝	敗	分	勝率	ゲーム差
1	巨人	143	77	64	2	.546	ー
2	DeNA	143	71	69	3	.507	5.5
3	阪神	143	69	68	6	.504	0.5
4	広島	143	70	70	3	.500	0.5
5	中日	143	68	73	2	.482	2.5
6	**東京ヤクルト**	**143**	**59**	**82**	**2**	**.418**	**9.0**

ベーシック・オーダー

(三) 太田賢吾
(中) 青木宣親
(二) 山田哲人
(左) バレンティン
(右) 雄平
(一) 村上宗隆
(捕) 中村悠平
(遊) 廣岡大志

(投) 小川泰弘
(投) 石川雅規
(投) 五十嵐亮太
(投) 梅野雄吾
(投) マクガフ

2020年　[監督] 髙津臣吾

順位	チーム	試合	勝	敗	分	勝率	ゲーム差
1	巨人	120	67	45	8	.598	ー
2	阪神	120	60	53	7	.531	7.5
3	中日	120	60	55	5	.522	8.5
4	DeNA	120	56	58	6	.491	12.0
5	広島	120	52	56	12	.481	13.0
6	**東京ヤクルト**	**120**	**41**	**69**	**10**	**.373**	**25.0**

ベーシック・オーダー

(中) 坂口智隆
(左) 青木宣親
(二) 山田哲人
(一) 村上宗隆
(三) 西浦直亨
(遊) エスコバー
(右) 山崎晃大朗
(捕) 西田明央

(投) 小川泰弘
(投) 石川雅規
(投) スアレス
(投) 清水昇
(投) 石山泰稚

2021年　[監督] 髙津臣吾

順位	チーム	試合	勝	敗	分	勝率	ゲーム差
1	**東京ヤクルト**	**143**	**73**	**52**	**18**	**.584**	**ー**
2	阪神	143	77	56	10	.579	0.0
3	巨人	143	61	62	20	.496	11.0
4	広島	143	63	68	12	.481	13.0
5	中日	143	55	71	17	.437	18.5
6	DeNA	143	54	73	16	.425	20.0

ベーシック・オーダー

(中) 塩見泰隆
(左) 青木宣親
(二) 山田哲人
(三) 村上宗隆
(右) サンタナ
(捕) 中村悠平
(一) オスナ
(遊) 西浦直亨

(投) 小川泰弘
(投) 奥川恭伸
(投) 高橋奎二
(投) 清水昇
(投) マクガフ

2022年　［監督］高津臣吾

順位	チーム	試合	勝	敗	分	勝率	ゲーム差
1	**東京ヤクルト**	**143**	**80**	**59**	**4**	**.576**	**ー**
2	DeNA	143	73	68	2	.518	8.0
3	阪神	143	68	71	4	.489	12.0
4	巨人	143	68	72	3	.486	12.5
5	広島	143	66	74	3	.471	14.5
6	中日	143	66	75	2	.468	15.0

ベーシック・オーダー

（中）塩見泰隆
（左）山崎晃大朗
（二）山田哲人
（三）村上宗隆
（一）オスナ
（捕）中村悠平
（右）サンタナ
（遊）長岡秀樹

（投）小川泰弘
（投）サイスニード
（投）木澤尚文
（投）清水昇
（投）マクガフ

2023年　［監督］高津臣吾

順位	チーム	試合	勝	敗	分	勝率	ゲーム差
1	阪神	143	85	53	5	.616	ー
2	広島	143	74	65	4	.532	11.5
3	DeNA	143	74	66	3	.529	0.5
4	巨人	143	71	70	2	.504	3.5
5	**東京ヤクルト**	**143**	**57**	**83**	**3**	**.407**	**13.5**
6	中日	143	56	82	5	.406	0.0

ベーシック・オーダー

（中）塩見泰隆
（左）青木宣親
（二）山田哲人
（三）村上宗隆
（右）サンタナ
（一）オスナ
（捕）中村悠平
（遊）長岡秀樹

（投）小川泰弘
（投）サイスニード
（投）木澤尚文
（投）清水昇
（投）田口麗斗

2024年　［監督］高津臣吾

順位	チーム	試合	勝	敗	分	勝率	ゲーム差
1	巨人	143	77	59	7	.566	ー
2	阪神	143	74	63	6	.540	3.5
3	DeNA	143	71	69	3	.507	8.0
4	広島	143	68	70	5	.493	10.0
5	**東京ヤクルト**	**143**	**62**	**77**	**4**	**.446**	**16.5**
6	中日	143	60	75	8	.444	16.5

ベーシック・オーダー

（遊）長岡秀樹
（中）西川遥輝
（左）サンタナ
（三）村上宗隆
（一）オスナ
（二）山田哲人
（捕）中村悠平
（右）丸山和郁

（投）吉村貢司郎
（投）ヤフーレ
（投）高橋奎二
（投）大西広樹
（投）小澤怜史

著者略歴

1957年、千葉県習志野市生まれ。東京ヤクルトスワローズゼネラルマネージャー。

75年、千葉・習志野高校3年時、夏の甲子園にエースとして出場。決勝までの全5試合で完投し、優勝を成し遂げる。中央大学への進学を機に外野手に転向。4年時に東都春期リーグ戦優勝、全日本大学野球選手権大会優勝を果たす。大学卒業後、河合楽器を経て、1982年、ドラフト4位でヤクルトスワローズへ入団。以後、91年までプレーしたのち、92年に日本ハムファイターズに移籍し、同年で現役を引退する。

その後、ヤクルトに復帰し、スカウト（1993～1995年）、2軍守備走塁コーチ（1996～1998年）、2軍監督（1999～2007年）、1軍ヘッドコーチ（2008～2010年）、1軍監督（2010～2014年、監督代行期間を含む）、シニアディレクター（2015～2017年）を歴任。2018年から2019年まで、2度目の1軍監督を経験したあと、2020年から現職。

ヤクルトスワローズ　勝《か》てる必然《ひつぜん》　負《ま》ける理由《りゆう》

二〇二五年三月九日　第一刷発行

著者　小《お》川《がわ》淳司《じゅんじ》
発行者　古屋信吾
発行所　株式会社さくら舎　http://www.sakurasha.com
東京都千代田区富士見一-二-一一　〒一〇二-〇〇七一
電話　営業　〇三-五二一一-六五三三　FAX　〇三-五二一一-六四八一
編集　〇三-五二一一-六四八〇
振替　〇〇一九〇-八-四〇二〇六〇

装丁　村橋雅之
写真　共同通信社　サンケイスポーツ
協力　菊田康彦
印刷・製本　中央精版印刷株式会社

ISBN978-4-86581-455-2